Verena Brunschweiger

Fuck Porn!

Verena Brunschweiger

Fuck Porn!
Wider die Pornografisierung des Alltags

Tectum Sachbuch

Verena Brunschweiger
Fuck Porn!
Wider die Pornografisierung des Alltags
© Tectum Verlag Marburg, 2013
ISBN: 978-3-8288-3153-7

Umschlagabbildungen: kallejipp / www.photocase.com
Druck und Bindung: Schaltungsdienst Lange
Printed in Germany
Alle Rechte vorbehalten

Besuchen Sie uns im Internet
www.tectum-verlag.de

Bibliografische Informationen der Deutschen Nationalbibliothek
Die Deutsche Nationalbibliothek verzeichnet diese Publikation in der
Deutschen Nationalbibliografie; detaillierte bibliografische Angaben sind
im Internet über http://dnb.ddb.de abrufbar.

Inhalt

0. Einleitung 7

1. Feminismus und Gender Studies 11

Frauengeschichte im Licht der Gender Studies 11
Ikonen und Strömungen des Feminismus im 20. Jahrhundert 16

2. Gender – Chancen und Probleme eines Begriffs 25

Die kleinen Unterschiede zwischen Feminismus,
Frauenforschung und Gender Studies 28
Geschlecht und Sprache 30
Frauenbildforschung 32
Diskursanalyse und Dekonstruktion 33
Queer Studies 34
Weitere Strömungen 37
Die Notwendigkeit politischer Einheit 39
Die Ignoranz gegenüber »Frauenkrankheiten« 42
Rollenkorsette formen Körper wie Chancen 46
Jenseits der Heterosexualität 47

2. Pornografie 53

Die falsche Toleranz für Pornos 53
Das Objekt Frau 58
Psychische und physische Auswirkungen auf Konsumenten 62
Reaktionen 65
Frauen als »Mittäterinnen« 69
Die Pornowelt wird unsere Welt 71
Die Pornografisierung der Frau in der Öffentlichkeit 73
Der Schönheitsmythos – Aussehen ist alles 79
Stichwort Alter 85
Nichts ist positiv an der Pornografie 88

3. Prostitution 91

Physische und psychische Auswirkungen der Prostitution 91
Prostitution in Politik und Gesellschaft 95

6

Die Gründe der Freier   97
Die Leidtragenden sind *alle* Frauen   99

4. Die Welt der Arbeit   101

Frauen in Männerdomänen?   101
Warum Unternehmen handeln müssen   103
Exkurs: Die (arbeitende) Mutter   105
Die Abwertung von Frauenarbeit   111
Der frauengerechte Arbeitsplatz   114
Grundlagen der Gleichstellungspolitik   117
Schwierigkeiten mit der Sprache   120
Mehr Selbstbewusstsein als Schlüssel zum Glück   122

5. Die Welt der Kultur   125

Frauenbilder in der Unterhaltungsliteratur   125
Das postfeministische Frauenbild oder der *Backlash*   130
Frauenbilder in der italienischen Literatur   133
Gibt es Alternativen?   138
»Traumfrau«: Jung und Barbie-Maße   139
Rollenverständnis im Film   141
Traumfigur auf Rezept   144
Exkurs: Geschlecht und Gesundheit   147
Frauen in der Welt der Oper und im Theater   150
Die Überlieferung misogyner Darstellungen   157
Aufbrechen der Geschlechtsidentitäten in der Oper?   161

6. Resümee   165

Literaturverzeichnis   169

Bildnachweis   174

0. Einleitung

Anlässlich der Examensfeier derjenigen jungen Frauen und Männer, die erfolgreich ihr Lehramtsstudium abgeschlossen hatten, haben sich Familie, Freunde und natürlich die Absolventen selbst in Schale geworfen und im Großen Sitzungssaal des Dekanats eingefunden. Einleitend beginnt der Rektor seine Rede mit dem Hinweis auf das Poster einer »netten jungen blonden Dame«, das die Gänge des Zentralen Hörsaalbereichs ziert. Er habe überlegt, sie als Rednerin für diesen Abend zu werben, nachdem sie ohnehin im Audimax eine Lesung veranstaltet, aber nach einigem Herumfragen habe er davon abgesehen, nachdem er die Branche der jungen Dame herausgefunden hatte. Es handelte sich um Gina Wild. Gelächter im Publikum. Der Redner lächelt verschmitzt, wartet ein paar Sekunden, dann fährt er fort, reiht langweilige Pauschalaussagen aneinander und kippt anschließend noch ein Glas Sekt, bevor er sich verabschiedet. Bravo!

Zum Glück haben nicht alle gelacht. Vor allem die Frauen konnten mit dieser, ach so witzigen, Einleitung doch weniger anfangen und manche fragten sich, wozu sie jahrelang studiert haben, wenn der eigentliche Star an diesem Abend der Pornostar ist. Subtile oder auch ganz offene Abwertungen von Frauen ereignen sich leider nach wie vor jederzeit und überall. Dieses Buch wird viele Alltagsbeispiele präsentieren, sie mit gängigen Theorien zur Geschlechterforschung in Bezug setzen und Handlungsmöglichkeiten vorschlagen. Denn trotz all der sexistischen Darstellungen, die uns auf Schritt und Tritt begegnen, bleibt die Hoffnung auf eine Welt, in der Frauen tatsächlich so gesehen werden, wie es zahlreiche Institutionen als Lippenbekenntnis bereits formuliert haben – nicht als Objekte, sondern als gleichberechtigte Persönlichkeiten.

Fuck Porn! versteht sich in erster Linie als politische Streitschrift. Nach einem Überblick über erste feministische Erfolge werden die ganz realen, leider immer noch vorhandenen Benachteiligungen, denen Frauen im Alltag ausgesetzt sind, aufgezeigt. Diese sind manchmal so subtil, dass man sie nicht auf den ersten Blick erkennt. Daher trägt dieses Buch dazu bei, den Leserinnen und Lesern anschaulich vor Augen zu führen, was beispielsweise die Pornografie mit (oder sogar aus) ihnen macht. Erst wenn man Ungerechtigkeiten bewusst wahrnimmt, kann man sie bekämpfen und unsere Welt zu einer auch für Frauen *wirklich* lebenswerten machen.

Kaum ein anderes Thema erhitzt die Gemüter so sehr wie die Geschlechterfrage. Und zu kaum einem anderen Thema fühlt sich jeder berufen, etwas zu sagen. Na klar, jeder ist doch selbst eine Frau oder ein Mann und erlebt tagtäglich Dinge, die dazu ermächtigen, mitzureden. Egal, was die Debatte auslöst – sei es ein Scherz in der Teeküche des Betriebs oder die neueste Idee der deutschen Familienministerin – die Wellen der Erregung schlagen hoch und man bemerkt sofort, dass dieses Thema auch eines der heikelsten ist, weil es die Menschen direkt betrifft und ihre persönlichen Emotionen und Überzeugungen hierbei eine größere Rolle spielen als bei vielen anderen Themen.

Nicht wenige Leute sind der Ansicht, der Feminismus sei eine überholte, altmodische Angelegenheit, die von ein paar betagten Emanzen zwar noch betrieben wird, aber an und für sich überflüssig ist, weil man doch alles erreicht habe, was man sich als Frau nur wünschen könne: arbeiten, verhüten, wählen, alles wie es der jeweiligen Frau gerade am besten passt. Scheinbar.

Ich meine, dass dieses schöne Bild von hässlichen Rissen durchzogen wird. Dass es gesellschaftliche Mechanismen gibt, die Frauen den Alltag erschweren, die sie Situationen aussetzen, in denen sie lieber nicht wären. Diese Risse möchte ich aufspüren in verschiedenen Bereichen des Lebens. Vor allem in dem Bereich, der die angeblich gleichberechtigte Sexualität der Frauen betrifft (Kapitel 3 und 4), dann auf dem Terrain des Arbeitsmarktes (Kapitel 5) und auf dem Gebiet, das die gestresste Arbeitnehmerin unterhalten und entspannen soll – der Kultur (Kapitel 6).

An allererster Stelle wird hier allerdings die Hommage an die »echten«, im Aussterben befindlichen Feministinnen stehen. Während der erste Teil des ersten Kapitels den historischen Hintergrund und die Ergebnisse der Gender Studies nachzeichnet, schließt das zweite Unterkapitel eine Galerie der wichtigsten feministischen Streiterinnen des 20. Jahrhunderts und ihrer Errungenschaften an. Zahlreiche Frauen haben sich jahrzehntelang, mit teilweise unglaublichem Einsatz für mehr Gerechtigkeit und ein besseres Leben für *alle* Frauen stark gemacht. Ihre Arbeit hat eine Grundlage geschaffen, auf der man heute sagen kann, es ist viel erreicht worden, die wichtigsten Grundrechte habe in Deutschland jede Frau. Nichtsdestotrotz liegen noch mehr Dinge im Argen, als man es sich träumen lässt. Und damit ist weitaus mehr gemeint als die gerechte Verteilung der Hausarbeit und die Entscheidung für oder gegen Kinder.

Thomas Eakins: Porträt der Amelia van Buren, um 1891

1. Feminismus und Gender Studies

Frauengeschichte im Licht der Gender Studies

Vor dem 20. Jahrhundert gab es bekanntlich wenig zu lachen für die weibliche Hälfte der Bevölkerung. Selbst die adeligen Damen des 19. Jahrhunderts bewegten sich in eng gesteckten Kreisen und waren in der Regel in ihren Entscheidungen und Taten nur bedingt frei. Im 18. Jahrhundert, also zur Zeit der Aufklärung, wurde die Menschheit von großen Philosophen wie Immanuel Kant dazu aufgerufen, sich aus ihrer selbstverschuldeten Unmündigkeit zu befreien, das heißt, selbständig zu denken und sich somit zu emanzipieren. Leider galt das nur für eine Hälfte der Bevölkerung – die männliche. Kant und andere Philosophen und Schriftsteller, zum Beispiel Friedrich Christian Daniel Schubart und Joachim Heinrich Campe, zeigen sich zu dieser Zeit wenig überzeugt von weiblichen Fähigkeiten und fordern eine gesonderte, auf ihre Bedürfnisse und ihre reale Zukunft ausgerichtete Erziehung für Frauen. Campe rät seiner eigenen Tochter, ihre Zeit nicht unnütz mit dem Erlernen von Fremdsprachen zu verschwenden, die ihr in ihrer Rolle als bürgerlicher Hausmutter nicht weiterhelfen werden. Nicht nur sinnlos, sondern sogar schädlich könne sich beispielsweise das Französischlernen auf die junge Frau auswirken! Schubart seinerseits macht sich über die »Gelehrten Weiber« lustig, die sich zu Kritikerinnen der Literatur und Kunst aufschwingen wollen – eine Anmaßung, die er unverschämt findet und daher unterbinden möchte.

18. Jhdt. – »Erfindung« des weiblichen Geschlechts

Der Gebärmutter gibt man die Schuld an dem oft irrationalen Verhalten der Frauen, weshalb man letztere auch nicht zum Studium zulassen möchte. Diese Erkenntnis wird von den Medizinern ihren Fachkollegen aus anderen Wissenschaften (wie eben der Philosophie) zur Verfügung gestellt. Einig sind sich die führenden Köpfe der Zeit in ihrer Abwertung des Weiblichen, das sie als grundsätzlich anders und damit leider untauglich für anspruchsvollere geistige Tätigkeiten ansehen. Der neutrale, normale Raum des Wissens ist der des Mannes, der als moderner Mensch auftritt. Oft wird vergessen, dass jahrhundertelang das so genannte Ein-Geschlecht-Modell vorherrschte, wonach die Frau eine Variante eines grundlegenden Typus von Mensch darstellte: nur dass bei ihrem Körper das beim Mann nach außen gekehrte Geschlechtsorgan nach innen gestülpt ist.

Im 18. Jahrhundert aber setzt sich die Aufteilung auf exakt zwei Geschlechter, die ganz unterschiedlich sind, durch. Dies gelang, indem Natur- und Geisteswissenschaften, Bildungssystem und Kultur – allesamt unter männlicher Führung – eng zusammenarbeiteten, um »wissenschaftlich« zu belegen, dass Frauen anders und vor allem weniger wert seien. Angesichts der sich verändernden Gesellschaft war dies notwendig, um die Frauen kontrollieren zu können. Zwar sollte der Bürger jetzt an der Regierungsgewalt beteiligt werden, nicht aber die Bürger*in*! Von ihr wünschten sich selbst ansonsten sehr fortschrittlich gesonnene Denker der Aufklärung nach wie vor eine Beschränkung auf die heimisch-häusliche Sphäre. Freiheit und Gleichheit betrafen die Männer und den angestrebten Abbau der starken Schichtunterschiede, nicht aber die Kategorie Geschlecht.

19. Jhdt. – Prägung kultureller Kategorien

Das neue Interesse an einem eigenständigen weiblichen Geschlecht spiegelt sich auch in der Entstehung einer neuen Disziplin – der Gynäkologie. Sie spaltet sich circa 1820 von der Anthropologie ab. Davor hatte man, wie teilweise noch heute, den Mann als Norm im Kopf, wenn man »ganz allgemein« vom Menschen sprach. In den 1860er-Jahren trennt man Sexualität, Fortpflanzung und Biologie, sodass Sexualität und Geschlecht jetzt auch *kulturelle* Kategorien werden konnten. Es kündigte sich so also bereits die unheilvolle Spaltung der

Frauen an, die im 19. Jahrhundert ihren Höhepunkt findet und in der Zweiteilung Hure-Heilige gipfelt. Sexualität ist nicht mehr zwangsweise mit der Reproduktion gekoppelt. Das heißt, es gibt Frauen, die geheiratet werden, mit denen eine Familie gegründet wird und es gibt die andere Gruppe, der alle Unverheirateten angehören und natürlich die, welche man nicht heiraten kann oder will, die Prostituierten beispielsweise. Dazu passt perfekt das Zwei-Geschlechter-Modell, das die leidenschaftslose Empfängnis propagiert, was das Bild der bürgerlichen Frau bestätigt, die (wenn überhaupt) eine eher geistige Auffassung des Sexuellen vertreten sollte.

Noch Ende des 19. Jahrhunderts befinden sich Frauen aufgrund dieser Vorgeschichten in einer Situation, die es ihnen anders als den Männern nicht erlaubt, an allen Lebensbereichen teilzuhaben. Sie haben oft überhaupt keine Wahlmöglichkeiten und werden aufgrund ihrer Herkunft in die Rollen gepresst, die schon ihre Mütter leben mussten. Bürgerliche Mädchen blieben Jungfrau, bis ein nach Bordellbesuchen und anderen unehelichen Beziehungen müder Mann sich ihrer erbarmte und sie vor den Altar führte. Dies heißt nicht, dass er sich danach der Treue verschrieb, im Gegenteil, außereheliche Vergnügungen der Männer waren an der Tagesordnung und auch absolut akzeptiert. Arbeit außerhalb des Hauses kam für die wenigsten Frauen in Frage. Kinder, Küche und Kirche sollten ihre Zeit ausfüllen.

Zu Beginn des 20. Jahrhunderts aber kam die erste Phase der Frauenbewegung. Die so genannten Suffragetten kämpften für das allgemeine Wahlrecht, damit nicht mehr nur männliche Bürger die Politik beeinflussen durften. Nach langem Ringen gewannen diese mutigen Frauen, gegen die teilweise unheimlich brutal vorgegangen wurde. Eine der wichtigsten und bekanntesten Pionierinnen ist Emmeline Pankhurst, die 1903 die *Women's Social and Political Union* gründete. Diese Frauenbewegung, die in Manchester begann, praktizierte hauptsächlich gewaltlosen Widerstand. Manche Mitglieder, unter anderem Pankhursts eigene Tochter, griffen aber zu radikaleren Methoden, um sich Gehör zu verschaffen. Sie verübten beispielsweise Anschläge in London. Immer wieder wurden sie inhaftiert, beschimpft, bespitzelt

20. Jhdt. – Aufbegehren der Frauen

und kriminalisiert. Viele »Rädelsführerinnen« bezahlten ihren Einsatz mit ihrer Gesundheit – physisch und psychisch. Pankhurst war wegen ihrer Hungerstreikaktionen sehr oft in äußerst schlechtem Zustand. Aber der Einsatz zeigte Wirkung: das Parlament in London beschäftigte sich mit der Frage der aufgebrachten Frauen und ab 1918 durften alle Frauen über 30 zur Wahlurne schreiten. Das Anliegen der Suffragetten wurde als Anmaßung und Angriff auf ein Privileg der Männer begriffen. Auch dieses Stigma haftete von Anfang an den Frauen, die sich für ihre eigene Sache engagierten, an: man versuchte sie zu demütigen, indem man ihnen »echte« Weiblichkeit absprach. Diese »Weiblichkeit« sah man darin, zu kuschen und den Zustand zu akzeptieren, in dem sich die Welt befand.

Frauenbildung Bald sollten Frauen auch studieren dürfen, was im 19. Jahrhundert noch erbittert bekämpft wurde. Man bemühte bis ins 20. Jahrhundert hinein pseudowissenschaftliche Studien, die beweisen sollten, dass das Gehirn der Frauen dazu nicht ausreiche. Diese Studien behaupteten, dass sie durch ein Studium unfruchtbar werden könnten und ähnlichen Humbug.

Dennoch war der Drang von Frauen in die Bildungsinstitutionen unaufhaltsam. Sie eroberten die Universitäten in einem Maße, dass heute sogar ein leichtes Überwiegen der Student*innen*anzahl in Deutschland herrscht. Schon am Beginn des 20. Jahrhunderts also kämpften Frauen aktiv dafür, Dinge tun zu dürfen, die für Männer schon immer eine Selbstverständlichkeit waren. Sie wehrten sich dagegen, sich von Männern in Kategorien pressen zu lassen – Hexe, Hure, Heilige, Heimchen am Herd etc. Sie versuchten, Aspekte abzuschütteln, die im Laufe der langen Jahrhunderte mittels Zuschreibungen von Wissenschaft, Religion und Kultur Teil ihrer Identität geworden waren oder hätten sein sollen – zumindest wenn es nach der Mehrheit der Männer gegangen wäre.

Bestes Beispiel ist hier Sigmund Freud, der Begründer der Psychoanalyse, der die Hysterie als vornehmlich weibliche Krankheit festschrieb. Die Verdrängung des sexuellen Erlebens sei typisch für die weibliche Sexualentwicklung, so Freud, und führe nicht selten zur Hysterie. Die Frauen, die dem bürgerlichen Ideal der reinen, tugendhaften Frau nicht entsprachen, wurden als bedrohliche Hysterikerinnen in Anstalten gesteckt, wo sie zu Untersuchungsobjekten von Psychiatern wurden. Freud sah sie als vom Unbewussten geleitet, ihren Trieben unterworfen und absolut irrational. Die Gender Studies analysieren nun Freud selbst dahingehend, dass seine Angst vor Frauen in Wirklichkeit mit seinen Irritationen aufgrund der modernen Lebenswelt zusammenhing. Seine Vorstellung von Weiblichkeit spiegelt jene Aspekte, die ihm selbst Angst machten. Mit seiner Erfindung der Hysterie als fest umrissenes und vorrangig weibliches Krankheitsbild bewältigte er auch die eigenen Unsicherheiten. Wenn man allen Frauen Hysterie unterstellt, kann man sich als Mann wieder zurücklehnen. Man geriert sich selbst als Rätsel lösender Ödipus, der in der Lage ist, verbindliche Weiblichkeitsbilder zu entwerfen. (Eine Urphantasie ist nach Freud der Inzest wie in der Ödipus-Sage. Dem griechischen Helden wird prophezeit, er werde seinen Vater töten und seine Mutter heiraten. Ihre Hand gewinnt er dadurch, dass er das Rätsel der Sphinx löst.) Freud schreibt ebenso wie sein Schüler C.G. Jung Geschlechterpositionen fest und tut nichts dafür, die Lage von Frauen in irgendeiner Weise zu verbessern – ganz im Gegenteil.

In den 1930er-Jahren versuchten die Nationalsozialisten, die Frau auf ihre Gebärmutter zu reduzieren, und jeder denkt sofort an die Aufrufe, dem Führer ein Kind zu schenken oder an Goebbels Verehrung der großen, blonden Schauspielerinnen, die die ideale Arierin verkörpern sollten. Ihre nobelste Aufgabe wurde darin gesehen, Mutter zu werden: Mutter eines Helden, der die Menschheit erlösen wird. Die Anklänge an die Geschichte von Jesus Christus sind nicht zufällig! Schon immer war man bemüht, die Identifikation von Frauen mit gesellschaftlich vordefinierten Rollenbildern möglichst attraktiv zu machen. So konnten all jene, die nicht mitdachten, eingelullt und geködert werden für Projekte, die letztendlich die Frauen nur benutzten. Und viele hatten so auch noch Erfolg! Denn nicht wenige Frauen tendierten dazu, sich mit scheinbar bequemen, althergebrachten Rollenbildern zu identifizieren und somit den Männern in die Falle zu gehen.

Frauenbild der NS-Zeit

Immerhin war bis in die 1950er-Jahre hinein die Heirat einer Frau gleichbedeutend mit der Aufgabe ihrer Berufstätigkeit. (Beispielsweise durften um 1905 herum nur unverheiratete Lehrerinnen unterrichten.) Noch in den 1960er-Jahren musste ein Ehemann, wenn seine Frau »trotzdem« arbeiten wollte, eine Einverständniserklärung unterschreiben! Das änderte sich erst in den 1970er-Jahren grundlegend. Schließlich bestand die Gefahr, dass sie ihre eigentlichen Pflichten im Haushalt und bei der Kindererziehung vernachlässigen könnte – und daher rührt die unheilvolle Doppelbelastung vieler arbeitender Mütter, die teilweise durch die »Tradition« bedingt, immer noch im Durchschnitt um einiges mehr tun als ihre Männer.

Ikonen und Strömungen des Feminismus im 20. Jahrhundert

Immer wieder wird heutzutage festgestellt, dass sich niemand mehr an die Errungenschaften feministischer Pionierinnen erinnere. Gerade die jüngeren Leute seien einer bedenklichen Geschichtsvergessenheit anheim gefallen. Es folgt daher nun ein kurzer historischer Abriss, der berühmte Wegbereiterinnen und ihre Leistungen vorstellt. Außerdem dient der Überblick dazu, im Anschluss heutige Phänomene zu verorten und auch anders zu interpretieren.

Frauen – Das andere Geschlecht? »Man kommt nicht als Frau zur Welt, man wird dazu gemacht.« (*Le Deuxième Sexe/Das andere Geschlecht*). 1949 erschien das Buch »Das andere Geschlecht« von der französischen Philosophin, Schriftstellerin und Feministin Simone de Beauvoir (1908–1986). Sie beschreibt darin, wie Frauen von Männern gelenkt und bestimmt werden und dass sie als das titelgebende »andere, also zweite, nachgeordnete, Geschlecht« gesehen werden. Sie weist auch darauf hin, dass Frauen vor allem als Sexualobjekte für die Männer von Bedeutung sind. Mütter erziehen ihre Töchter anders als ihre Söhne, was unter dem Schlagwort der geschlechtsspezifischen Sozialisation aufgegriffen wurde. So mussten Mädchen eher im Haushalt helfen und wurden schon durch Spielsachen auf ihre künftige Rolle als Hausfrau und Mutter vorbereitet. De Beauvoirs Buch entfaltete eine große Breitenwirkung und wurde auch in Deutschland viel gelesen und diskutiert. Die zentrale Botschaft bestand darin, dass sich das Geschlechterverhältnis ändern kann, beispielsweise durch eine andere Erziehung. Somit prägte de Beauvoir eine neue Einstellung, ein neues Selbstbewusstsein.

> Simone de Beauvoir: *Le Deuxième Sexe* (1949), *Das andere Geschlecht.* Reinbek 2000.
> Deirdre Bair: *Simone de Beauvoir. Eine Biographie.* München 1990.

LITERATUR

Jedes Individuum lernt, dass manche Verhaltensweisen für Frauen nicht dienlich sind, dass man sie als unangemessen betrachtet und infolgedessen sanktioniert. Das geht schon los beim normalen Gespräch: eine Frau soll sich eben anders als der Mann nicht breitbeinig hinsetzen und rüde das Gegenüber unterbrechen, sondern mit übereinander geschlagenen Beinen lächelnd und nickend dasitzen. Sprachwissenschaftler stellen heute noch fest, dass Frauen seltener Wortbeiträge bringen, die dazu angetan sind, Streit zu entfachen. Sie glätten im Gegenteil eher die Wogen, wenn die Stimmung zu kippen droht. (Dass es immer wieder Ausnahmen gibt, versteht sich von selbst. Hier werden lediglich starke Tendenzen beschrieben.) Daher ist Gianna Nannini, die italienische Rockerin, immer noch mit so einfachen Mitteln das Enfant terrible, das sich wohltuend abhebt von den blondierten Einheitssängerinnen. Indem sie beispielsweise keine kurzen Kleidchen trägt, sondern in Boots und Lederkluft zum Interview erscheint und ihre Füße auf den Tisch legt. Dass so ein Verhalten auch im 21. Jahrhundert noch provozierend wirkt, sagt schon viel.

De Beauvoir lehrt uns, dass die Gesetze und Vorschriften, die Frauen daran hindern sollen, aus dem Rahmen ihrer eng gesteckten Möglichkeiten auszubrechen, nicht in alle Ewigkeit fortbestehen müssen. Sie wurden irgendwann eingeführt – genauso gut kann man sie wieder abschaffen!

Auch vor de Beauvoir gab es bereits Vorläuferinnen, die männliche Doppelmoral und die Beschränkung der Frauen auf die häusliche Sphäre anprangerten. Beispielsweise die britische Erzieherin und Au-

torin Mary Wollstonecraft (1759–1797), die 1792 ihr Buch »A Vindication of the Rights of Women« herausbrachte, das sie als Vordenkerin
der Gleichstellung von Mann und Frau bekannt machte.

158   VINDICATION OF THE

only negative virtues are cultivated. For,
in treating of morals, particularly when
women are alluded to, writers have too
often confidered virtue in a very limited
fenfe, and made the foundation of it *folely*
worldly utility; nay, a ftill more fragile bafe
has been given to this ftupendous fabric, and
the wayward fluctuating feelings of men have
been made the ftandard of virtue. Yes, virtue as well as religion, has been fubjected to
the decifions of tafte.

It would almoft provoke a fmile of con-
tempt, if the vain abfurdities of man did not
ftrike us on all fides, to obferve, how eager
men are to degrade the fex from whom they
pretend to receive the chief pleafure of life;
and I have frequently with full conviction
retorted Pope's farcafm on them; or, to fpeak
explicitly, it has appeared to me applicable to
the whole human race. A love of pleafure or
fway feems to divide mankind, and the huf-
band who lords it in his little haram thinks
only of his pleafure or his convenience. To
fuch lengths, indeed, does an intemperate
love of pleafure carry fome prudent men, or
worn out libertines, who marry to have a
fafe bed-fellow, that they feduce their own
                                                    wives.

Auszug aus *A Vindication of the Rights of Women*, Ausgabe 1796

De Beauvoirs Buch war wegbereitend für die zweite große Welle der Frauenbewegung in den 1970er-Jahren: Nun kämpfte man um echte Gleichberechtigung und sexuelle Freiheit. Da gibt es beispielsweise die Orgasmus-Befreierinnen um die amerikanische Sexualwissenschaftlerin Shere Hite (geboren 1942), die auch die Existenz(berechtigung!) des weiblichen Orgasmus' ins Bewusstsein der Menschen zu rücken versuchten. Im ersten so genannten Hite-Report aus dem Jahr 1976 stellte die Autorin fest, dass nur jede 3. Frau mit ihrem Mann einen Orgasmus hätte. Die Herren wären auch im Bett egoistisch und so wäre es kein Wunder, dass viel mehr Frauen masturbierten, als man bislang annahm. Für derartige Aussagen musste sich Shere Hite viele Anfeindungen gefallen lassen. Vor allem natürlich aus konservativen Kreisen, in denen die gleichberechtigte Sexualität der Frauen noch lange nicht angekommen war.

Das Recht auf Abtreibung wurde ebenfalls von den Feministinnen gefordert, eine scheinbar ganz selbstverständliche Sache, aber der Bauch einer Frau gehört eben doch nicht nur ihr! Erklärt man Mädchen diesen Sachverhalt, reagieren sie teilweise sehr erstaunt. Was, man dürfe nicht selber über seinen Körper entscheiden?! Ja, leider, liebe Kinder, willkommen in der Welt der erwachsenen Frauen, die nach wie vor Fesseln tragen, die sie sich teilweise selbst auferlegen, teilweise aber auch angelegt bekommen und die vielleicht manchmal weniger deutlich sichtbar sind als früher, deswegen in ihren Auswirkungen aber nicht weniger katastrophal sein können.

Feministinnen wie Germaine Greer (geboren 1939) sahen die Mutterschaft als solche weniger positiv, als es in konservativen Mutter-Ideologien und vorgeblichen Vergötterungen der Fall war – und ist! Wie schön haben es doch die Mütter, diese stillen Heldinnen der Nation, die das ganze Jahr nervige, lästige Arbeiten erledigen, die sich ständig wiederholen, die aber dafür immerhin ein Wellness-Wochenende geschenkt bekommen, an dem sie sich wieder für 363 Tage unbezahlte Arbeit fit machen können! Gerade Greer zeichnet sich in den Jahrzehnten ihrer Arbeit als Journalistin, Autorin und Professorin für englische Literatur aber auch durch unterschiedliche Auffassungen gerade zum Thema Mutterschaft aus. Schon in den 1970er-Jahren kämpfte sie jedoch gegen den Status der Frau als Sexobjekt und bemühte sich später, den älter werdenden Frauen mehr Selbstbewusstsein zu geben. Wird man durch seine Umwelt schon als »alte Schachtel« abgestempelt, kann man genauso gut die Vorteile des Alters entdecken und genießen. Neue Rollen wollen ausgelotet werden!

Radikalkritische Positionen

Natürlich gab es stets auch ein paar provokante Geister, die zur Vernichtung der Männer aufriefen, deren Einfluss aber logischerweise gering blieb, die auch nicht unschuldig sind an dem negativen Image, das sich das Volk vom Feminismus und Ausnahmevertreterinnen desselbigen gemacht hat. Leider werden die Ansichten einer Valerie Solanas (1936–1988), die Ehefrauen als Wärmflaschen mit Titten bezeichnet hatte, allen anderen Feministinnen in absolut unzulässiger Weise fälschlich übergestülpt, sodass man sie alle zusammen in Bausch und Bogen verdammen oder zumindest guten Gewissens auslachen kann. Solanas machte außer durch einen Mordversuch an Andy Warhol vor allem durch das SCUM-Manifest auf sich aufmerksam. Darin ist zu lesen, dass Männer nicht zu menschlichem Handeln fähig seien und daher »abgeschafft« werden müssten. Ebenso Frauen, welche die männliche Vorherrschaft unterstützen.

Neue Forschungsfelder

In den 1970er-Jahren entwickelte sich auch die Erforschung der Geschlechterverhältnisse deutlich weiter. Frauen- und Gender-Studien als Teile der Geistes- und Sozialwissenschaften wurden ins Leben gerufen. Nebenbei bemerkt – auch andere diskriminierte Gruppen wie Schwarze, Homosexuelle etc. bildeten zu dieser Zeit (neue) Emanzipationsbewegungen. Befreiung und Chancengleichheit waren Konzepte, für die sich in Europa und in den USA zahlreiche Gruppierungen einsetzten, mit Erfolgen, die aber auch noch nicht alle Probleme beseitigt haben. Wie lange wird schon an allen Fronten gegen Rassismus gekämpft? Trotzdem landen auch im Jahr 2013 noch Bananen beim Training vor den Fußballschuhen des schwarzen italienischen Nationalspielers Mario Balotelli...

Im Verlauf des Buches gibt es immer wieder Gelegenheit, die Verbindung von Sexismus zu anderen Unterdrückungen und Ungleichbehandlungen zu sehen. Beispielsweise werden schwarze Pornodarstellerinnen in den USA gerne in Fesseln gezeigt. Auch andere deutliche Anklänge an ihre mögliche Sklavinnenherkunft fehlen nicht.

Die dritte Welle der Frauenbewegung begann in den 1980er-Jahren, größtenteils als Reaktion auf den so genannten »Backlash« – Aktionen der herrschenden männlichen Macht, um die Fortschritte der Frauen einzudämmen oder wieder zu beschneiden. Der Backlash könnte auch als konservative Antwort auf den echten Feminismus bezeichnet werden.[1] Typisch dafür ist die Geschichtsvergessenheit, mittels welcher man bequem alle Feministinnen als verklemmte, hässliche, alte, verbitterte Frauen abstempeln kann. Das ist nichts anderes als eine besonders gemeine Strategie, um in Misskredit zu bringen, was die Lage aller Frauen deutlich und nachhaltig verbessert hat! Aber die historischen Erfolge und Befreiungsmomente – wie beispielsweise der bereits erwähnte lange, aber schließlich gewonnene Kampf um das Frauenwahlrecht – werden nicht mehr vermittelt, sondern (absichtlich) vergessen oder herabgespielt.

1980er-Jahre

Der Feminismus gehört ins Museum, scheinen Zeitschriften und andere populäre Medien zu sagen. Heute gebe es nur noch mündige Konsumentinnen, keine rassistischen oder sexistischen Diskriminierungen mehr – oder? Gerade die Zeitschriften sind voll mit falschen Darstellungen, Mythen und Klischees über Frauen. Da wird gerne von Frauen über 30 berichtet, die riesige Probleme haben, einen Partner zu finden. Entertainment, Lifestyle und Popkultur ergeben eine ungute Mischung, die beeinflussbaren Frauen suggeriert, die richtige Totalrasur sei wichtiger als das Ablehnen sexueller Handlungen, hinter denen man selbst nicht hundertprozentig steht. Die Frauen werden geschwächt durch die scheinbaren Ermächtigungen, die als Ersatz für den angeblich altmodischen Feminismus angeboten werden. Man hält zwar noch an einer medientauglichen Pseudo-Feminismus-Version

Antifeminismus der Gegenwart

---

[1] Vgl. McRobbie: *Top Girls. Feminismus und der Aufstieg des neoliberalen Geschlechterregimes.* S. 12 ff.

fest, aber die Abwertung seiner Vorkämpferinnen als fette, haarige Lesbierinnen hat klar die Warnung an junge Frauen zum Ziel, sich gut zu überlegen, ob man wirklich abstoßend auf Männer wirken will… Statt die Leistungen der feministischen Pionierinnen zu würdigen, macht man sich lieber über deren oft ach so wenig reizvolles Aussehen lustig. Somit wird unterstellt – Vorsicht, wer sich feministisch engagiert, hat wohl offenbar keine Chancen bei Männern und nimmt sich aus Frustration einer Sache an, die doch mittlerweile überflüssig sei. Man darf als Frau längst arbeiten, wählen und konsumieren, wo ist denn dann das Problem?

Angriffe auf den echten Feminismus findet man allerorts in der Populärkultur und in der unwissenschaftlichen Gender-Debatte. Individualität ist nicht mehr wirklich gefragt. Man erfreut sich an genormten Körpern, die sich dem Befehl zur Selbstoptimierung unterwerfen, der dazu führt, dass junge Frauen Verhaltensweisen entwickeln, die pathologisch sind (man denke allein an die vielen Essstörungen!) und die wiederum von Männern belächelt werden! So werden Rat suchenden Männern in Büchern wie dem »Bro-Code« Tipps gegeben, die angeblich bei den Mädchen funktionieren, die sich für zu dick halten und der Autor schiebt den Gag gleich selbst hinterher: also bei allen! Aber, so wehren sich Autoren dieser Art, das sei doch alles ach so ironisch gemeint, das dürfe man nicht so ernst nehmen. Leider tun das aber viele Männer…

Der natürliche Körper wird den Mädchen madig gemacht. Er bedarf der beständigen Verbesserung, hat den Normen unterworfen zu werden, die Perfektion fordern – mit allen Mitteln. Dass diese Oberflächlichkeit die Frauen gefangen hält und beschränkt, liegt auf der Hand. Man will einfach um jeden Preis chic sein. Feministische Ideen stören da eher, weil sie einem bewusst machen, was man da eigentlich tut, indem man sich erstens zum willigen Objekt macht (dessen Verfallsdatum sowieso schon absehbar ist!) und zweitens eben dafür die Ausbildung und Förderung wichtigerer Aspekte der eigenen Persönlichkeit vernachlässigt.

Die momentan rollende (vierte) Welle versteht sich als weltweite Bewegung, die Seiten wie FIND (= Feminism is not dead – der Titel sagt bereits alles) auf Facebook betreibt. Fraglich ist allerdings schon, was man durch das simple »Liken« dieser Seite erreicht... Diese Welle bemüht sich außerdem, die Kombination mit anderen gesamtgesellschaftlichen Ungerechtigkeiten zu stärken: Man kämpft gegen die Diskriminierung von Übergewichtigen, Alten, Behinderten usw. So nobel dieser Ansatz ist, so sehr weicht er auch auf, was eben gerade nicht verwässert und kombiniert werden sollte – die Anliegen der Frauen.

Johann Heinrich Füssli: La débutante, 1807

2. Gender – Chancen und Probleme eines Begriffs

Der Begriff »Gender« kommt vom lateinischen Verb »generare«, also »erzeugen«. In unserem Zusammenhang denkt man dabei an das Erzeugen von Beziehungen und Bedeutungen. Durch die Bezeichnung des kulturellen Geschlechts mit »gender« und des biologischen mit »sex« wird es möglich, zu zeigen, dass die Unhintergehbarkeit der biologischen Gegebenheiten nur angeblich ist.[2] Die Wissenschaftlerinnen Christina von Braun und Inge Stephan sind der Ansicht, dass es für Gender keine wirklich gute deutsche Übersetzung gebe. Gender habe aber immer mit Hierarchien zu tun, damit wie diese produziert werden usw. Es wird gefragt, wie die uns als solche verkauften »ursprünglichen«, »natürlichen« Kategorien wie Ordnung, Natur, Geschlecht, Identität... hergestellt wurden bzw. werden und welche Konsequenzen für Frauen sich daraus ergeben. Kulturelle Reflexion und gesellschaftliche Kritik gehen dabei idealerweise Hand in Hand. Man überlegt, wie sich Gegensätze, die ja auch gern gegeneinander ausgespielt werden, ausräumen oder mildern lassen, wie man den vielen ungerechten Unterschieden, die sich auf sozialer, kultureller und politischer Ebene bemerkbar machen, beikommen kann.

Im 21. Jahrhundert betont man zudem die Ungleichheit »der Frauen«, die es als Gruppe gar nicht gebe, so die postfeministische Ansicht. Was hat schon eine junge asiatische Lesbierin mit einer älteren weißen Ärztegattin zu tun? Derartige Fragen sollen die Unterschiedlichkeit der einzelnen weiblichen Individuen verdeutlichen. Außerdem wird die

Der Begriff »Gender«

Geschlecht abschaffen?

---

[2]   Vgl. v. Braun/Stephan: *Gender Studien. Eine Einführung.* S. 1–19.

Einteilung in (nur) zwei Geschlechter nicht akzeptiert. Auch das sei nur eine Strategie, um die aktuellen Herrschaftsverhältnisse zu stützen.

Man muss dazu sofort anmerken, dass die neuen, differenzierten Sichtweisen sicher nicht uninteressant sind, dass viele Gedankenexperimente und Utopien durch sie ermöglicht werden, dass sie in mancherlei Hinsicht der Realität vielleicht sogar gerechter werden (können), wenn es um deren Beschreibung geht. In einem wissenschaftlichen Aufsatz zum Beispiel. Wenn es aber um konkrete politische Ziele geht, ist der Postfeminismus meistens nicht geeignet, für »die Frauen« etwas zu verbessern. Er schwimmt zu sehr auf der Welle »Jede(r) ist seines/ ihres Glückes Schmied«, als dass man für die Frauen, die es in dieser Gesamtheit eben doch gibt, irgendetwas fordern oder gar durchsetzen könnte.

Bestes Beispiel für den Konflikt zwischen zweiter und dritter Welle sind die Quoten: Älteren Feministinnen war/ist klar, dass gewisse Ungerechtigkeiten, die Frauen deutlich schlechtere Chancen verschaffen, durch Quotenvorgaben ausgeglichen werden können. Jüngeren Frauen ist dies oft nicht bewusst. Sie vertrauen teilweise in blinder Naivität dem meritokratischen Prinzip und sagen, wer sich bemüht, der kommt auch als Frau voran. Die Realität sieht zumeist anders aus und auch die Geschichte belehrt uns eines Besseren.

Geschlecht als soziale Rolle Seit den 1950er-Jahren bezeichnet die Geschlechtsrolle die Gesamtheit der kulturell erwarteten, als angemessen betrachteten Fähigkeiten, Einstellungen und Handlungen des jeweiligen Geschlechts. Innerhalb und zwischen Kulturen können sich diese Rollen wandeln, was wohl jeder und jede schon mehrfach selbst beobachten konnte. Die Geschlechtsidentität hingegen ist das subjektive Gefühl eines Menschen, sich als ein bestimmtes Geschlecht zu empfinden.[3]

Um deutlich zu machen, dass sozial erworbene Geschlechtsidentität etwas anderes ist als das scheinbar natürliche, angeborene Geschlecht, führte man auch im deutschen Sprachgebrauch in den 1960er-Jahren

---

[3] Vgl. Richter-Appelt: *Geschlechtsidentität und -dysphorie*. S.22.

die Unterscheidung zwischen »sex« und »gender« ein. Das heißt, das biologische Geschlecht, sex, wurde dem anerzogenen, erlernten Geschlecht, gender, gegenüber gestellt. Diese hilfreiche Benennung erlaubt die Frage nach der Konstruiertheit von Geschlecht.

Gegenüber den biologistischen Deutungen von Geschlecht konnte man endlich argumentieren, dass Gender »nur« sozial konstruiert, anerzogen, erworben, gelernt, übergestülpt, im schlimmsten Fall erzwungen wird. Geschlechterzuschreibungen, Rollen und Hierarchisierungen konnten als geschichtlich entstanden enttarnt werden. Sie haben keine Ursache in den Genen, sondern sind veränderbar, da sie gesellschaftlichen Aushandlungen entspringen. Natürlich ist dies ein riesiger Vorteil – man ist nicht mehr nur Opfer seiner Hormone. Schuld sind teilweise die Institutionen, die Frauen Maßstäbe setzen, innerhalb derer man nur Neurosen entwickeln kann! Einige Forscherinnen weisen darauf hin, dass die ach so objektive, neutrale, wertfreie Biologie gar nicht diesem von ihr entworfenen Idealbild entspricht. Auch sie muss sich der Sprache bedienen und kann in der Interpretation und Formulierung ihrer Feststellungen Weichen stellen für eine wenig erfreuliche Ausgangslage oder Aussicht für weibliche Körper und Menschen. Man denke beispielsweise an die Unterschiede bei Männer- und Frauenhirnen und die verschiedenen Möglichkeiten, diese zu erklären. Kann man wirklich aus der stärkeren »Verkabelung« der Frauenhirne eine geringere Fähigkeit zu logischem Denken ableiten?

Noch wichtiger in diesem Zusammenhang ist die Tatsache, dass auch die Biologie sich ja von theoretischen Vorannahmen leiten lässt, die wiederum beeinflussen, welche Daten überhaupt erhoben und verwertet werden sollen, was eingeschlossen wird in die Veröffentlichung eines Artikels und was absichtlich nicht, da es vielleicht nicht hinein passt und man zugeben müsste, dass eventuell doch andere Gründe vorliegen für ungünstige Situationen, in denen sich Frauen oft wieder finden. Die Interpretationen haben Einfluss auf die Befunde selbst – das ist nicht nur in der Medizin so, wo auch vieles von verschiedenen Experten unterschiedlich ausgelegt oder teilweise gar nicht erkannt

Das Geschlecht der Biologie

wird! Gerade in Bezug auf weibliche Krankheiten herrscht noch viel zu viel Unklarheit und Ignoranz.

Die kleinen Unterschiede zwischen Feminismus, Frauenforschung und Gender Studies

Worin besteht nun in der Forschung der Unterschied zwischen Feminismus und Gender Studies/Gender-Studien? Letztere etablierten sich erst in den 1990er-Jahren an deutschen Universitäten und standen ursprünglich noch unter dem Vorzeichen der Analyse und der Kritik an asymmetrischen Geschlechterverhältnissen, die zu Ungunsten der Frauen bestehen. Wie aber schon anklang, erkennt der Feminismus die unterdrückte Weiblichkeit eher (an) und sieht die weibliche Identität der Frauen auch so weit als einheitlich, dass gezielte Aktionen folgen können, um die Lage aller Frauen zu verbessern. In der älteren feministischen Frauenforschung wird der natürliche Unterschied zwischen den beiden Geschlechtern als Ausgangspunkt angenommen, wohingegen die Gender-Forschung davon ausgeht, dass die Geschlechterdifferenz erst sozial oder kulturell hergestellt wird. Hier sei noch einmal an Simone de Beauvoir erinnert, die ja schreibt, dass man nicht als Frau geboren wird, sondern durch die Erziehung, die Sozialisation zu einer solchen gemacht wird. Geschlecht ist schon für sie kein Sein, sondern ein Tun und sie ruft alle Frauen dazu auf, Subjekt zu werden und nicht im Objektstatus zu bleiben, der einem von manchen Männern gerne zugewiesen wird. Die Gender Studies gehen dementsprechend auch von einer sozusagen mobilen Geschlechtsidentität aus, das heißt, ein Rollentausch ist grundsätzlich möglich.

Die ältere Frauenforschung sieht das anders. Sie betont die Stabilität der Geschlechtsidentität, die sie als Folge der patriarchalen Verhältnisse betrachtet. Den Gender Studies erscheint die Geschlechtsidentität eher als Ergebnis einer ständigen Interaktion zwischen Männern und Frauen, die die Differenz der Geschlechter immer wieder neu herstellen und aufrechterhalten. Hier ist keine Stabilität vorhanden, hier ist alles fragil, veränderbar, man spricht auch vom »Doing Gender«, was den Konstruktionscharakter der Geschlechtsidentität herausstellt: jede Handlung hat Einfluss darauf, nichts ist starr und unveränderlich, Männer und Frauen machen sich beständig durch ihre Alltagspraktiken zu als männlich oder weiblich erkennbaren Personen (oder werden dazu gemacht). Beispiele gibt es zuhauf: Requisiten für Frauen sind Mimik, Gestik, Stimmführung, Gang, Kleidung, Schminke etc. Man muss lernen, den Körper so zu präsentieren, als sei er natürlich so. Die alltägliche, kulturelle Darstellung wird so oft wiederholt, bis sie den Anschein hat, die Essenz zu sein. Man könnte auch sagen, die Herstellung von Geschlecht wird verschleiert, weswegen Geschlecht naturalisiert wird. Das heißt, die Ausprägungen des Geschlechts erscheinen dann als Folgen eines angeblich natürlichen Prozesses.

Wie im Poststrukturalismus gibt es in den Gender Studies kein universelles männliches Subjekt mehr und auch keine Objektivität. Der Poststrukturalismus, der sich in den 1960er-Jahren in Frankreich entwickelte, untersucht die Beziehungen zwischen Sprache und Wirklichkeit. Zentral ist dabei die Einsicht, dass Sprache nicht nur Realität abbildet, sondern auch herstellt. Man nimmt die binären Strukturen (männlich oder weiblich) wahr, die auch Effekte auf die Realität erzielen, obwohl sie kulturell konstruiert wurden und normalisierend wirken sollen. Geschlecht soll als universale Kategorie gesellschaftlicher Macht sichtbar gemacht werden.[4] Beispielsweise sind viele Schlüsselpositionen unserer Welt zumeist mit Männern besetzt, was das »andere Geschlecht« nahezu automatisch in die unterlegene Position bringt.

Perspektive schafft Wirklichkeit

In der Frauenforschung geht es, wie die Bezeichnung schon nahe legt, in erster Linie um Frauen. In den Gender-Studien ganz allgemein um Geschlechter, von denen mehrere vorhanden sind. Manche Vertreter dieser Forschungsrichtung behaupten sogar, es gebe so viele Geschlechter wie Individuen. Man interessiert sich also für die Differenz(en), nicht so sehr für die Norm oder Abweichungen davon. Insofern liegen die Forschungsziele der Gender-Studien anders als im Feminismus nicht im Sichtbarmachen konkreter Benachteiligungen von Frauen, sondern in einer weniger handlungs- und politikbezoge-

Unendlich viele Geschlechter?

---

4   Vgl. Schößler: *Einführung in die Gender Studies*. S. 15.

nen Analyse von unterschiedlichsten Geschlechtsidentitäten. Wie wird Geschlecht hergestellt, wie kann man Konstruiertes eventuell wenigstens auch wieder re- oder de-konstruieren, das heißt umdeuten, neu deuten, verändern?

Geschlecht und Sprache

Sprache produziert Geschlecht?

Geschlecht ist keine naturgegebene Tatsache, sondern ein Bestandteil des sozialen Körperwissens und der Normen der Geschlechterdichotomie, also der Zweigeteiltheit. Im über die Dinge Sprechen wird ihnen eine Bedeutung zugewiesen, nicht umgekehrt.[5] Das Biologische ist nach dieser Sichtweise eine Norm unserer Kultur, die man den materiellen Körpern überstülpt. So wird ein »Zwitter« meist sofort oder kurz nach der Geburt einem der beiden Geschlechter zugeordnet und oft auch operativ angeglichen.

Dabei muss auch die Biologie wirklich präzise benennen, was oft nicht geschieht, von welchem Geschlecht eigentlich die Rede ist – vom chromosomalen, hormonellen oder dem »Hebammen-Geschlecht«? Aber die Hinweise auf Biologie oder Evolution sind insgesamt mit größter Vorsicht zu genießen, weil sie wenig hilfreich sind, wenn es darum geht, gesellschaftliche Normen zu diskutieren, die Geschlechterunterschiede regeln und den Geschlechtern verschiedene Rollen auferlegen.

Gestritten wird häufig auch darüber, ob Gender sprachlich zum Ausdruck kommt oder sprachlich *erst hergestellt* wird. Ob wir es wirklich mit einem außersprachlichen Phänomen zu tun haben oder mit einer Sache, die erst dann entsteht und an Form gewinnt, wenn über sie geredet wird.

Schon oft wurde festgestellt, dass die aktuelle Strömung in der Gender-Forschung einen Widerspruch darstellt zum Sprechen im Namen einer Gruppe[6], deren Lage man verbessern möchte. Politischer Ein-

---

[5]   Vgl. Küppers: *Soziologische Dimensionen von Geschlecht.* S. 5.
[6]   Vgl. Schößler: *Einführung in die Gender Studies.* Kapitel 1.

satz, der so wichtig wäre, wird relativ schwierig, wenn man auf Unterschiedlichkeiten beharrt und Gemeinsamkeiten leugnet. So kann sich nichts ändern. Die fundamentale Bedeutung der Kategorie Geschlecht wird in unserer Welt oft verschleiert, weil ja die herrschende Ordnung (oder mit den Feministinnen gesprochen »das Patriarchat«) Macht verteilt und für die profitierenden Gruppen ist alles gut so, wie es ist. Dabei wäre es sehr wichtig, zu erkennen, inwieweit jede einzelne den (traditionellen) Geschlechterrollen verfallen ist, damit man auch die gesellschaftlichen Mechanismen, die zu einer ungleichen Machtverteilung führen, benennen und Alternativen vorschlagen kann, um die wiederholte Festschreibung der Ungleichheit der Geschlechter zu durchbrechen. Macht muss neu verteilt werden – auch außerhalb der Politik und des Berufslebens. Wir reden also nicht nur von Quotenregelungen bei politischen Ämtern, sondern von Aspekten, die direkt unseren Alltag betreffen.

Schon um 1900 spitzte sich der Konflikt zwischen den Geschlechtern zu. Der Kampf wurde ganz klar in mythische Dimensionen gehoben und auf eine Zweigleisigkeit festgelegt. So war die Zuschreibung von weiblichen Attributen eine beliebte Strategie, Gruppen auszuschließen: beispielsweise die Juden, denen man »weibliche« Merkmale andichtete, um sie lächerlich zu machen und in ihrer ganzen Mangelhaftigkeit darzustellen. Zu dieser Zeit war weibliche Autorschaft oder Wissenschaft für Frauen die absolute Ausnahme. Der österreichische Philosoph Otto Weininger (1880–1903), selbst Jude, wies beispielsweise in Wien auf die Zusammenhänge zwischen Frauen und Juden hin, wobei er vor allem die Frauen extrem abwertend darstellte. Sie seien Ausdruck der Materie und somit ohne einen Funken Geist, Seele oder Sittlichkeit. Dies verbinde sie mit den Juden. Aus Misogynie wird hier Selbsthass und insofern kann es nicht verwundern, dass Weininger Suizid beging.

Diskriminierung

Frauenbildforschung

Ende der 1960er-Jahre entwickelten sich in den USA zusammen mit den Black Studies, in denen es um die Erforschung der schwarzen Identität geht, auch die Women's Studies, unsere Frauenforschung. Mitte der 70er-Jahre dann kümmerte sich allen voran die US-amerikanische Literaturwissenschaftlerin und Feministin Elaine Showalter (geboren 1941) um literarische Werke von Frauen und um die Aufdeckung scheinbar neutraler literarischer Fantasien in den Büchern von männlichen Autoren. Wie so etwas aussehen kann, wird konkret in Kapitel 5 an einigen Beispielen aktueller Literatur veranschaulicht. Die Frauenbildforschung in Deutschland thematisiert die realen Folgen für die Selbstdefinition von Frauen, die sich mit den Werken der Männer auseinandersetzen. Erkannt wurde schon früh die Binarität, die Zweigleisigkeit, auf die alles hinauslief: das Bedrohliche, die Femme fatale, versus das Ungefährliche, das Heimchen am Herd. Keine Frau kann beidem gerecht werden. Sigrid Weigel, eine prominente Vertreterin der Frauenbildforschung, spricht vom »schielenden Blick«, der die Fantasie-Bilder männlicher Schaffender der tatsächlichen weiblichen Existenz gegenüberstellt. In den 1970er-Jahren wird Gender endlich als Leitkategorie in den USA wissenschaftsfähig. Auch Showalter spricht sich gegen die Abkehr vom politischen Engagement aus.

Die Literaturwissenschaft wird durch die Aufnahme wichtiger Fragestellungen aus den Gender Studies erheblich und gewinnbringend erweitert. Unterschiedliche methodische Ansätze lassen sich unterscheiden: Manche kritisieren die Ideologie, die hinter den Aussagen eines Schriftstellers steht, andere argumentieren sozialgeschichtlich, wieder andere begeben sich auf die Suche nach matriarchalen Restbeständen in der von Männern produzierten Literatur, versuchen also Anklänge an eine mythische Zeit zu finden, als die Frauen die Herrschaft innehatten.[7] Oft werden auch verschiedene Herangehensweisen kombiniert, um Fragen auf den Grund zu gehen, die beispielsweise Hierarchien und deren erfolgreiche »Vermarktung« betreffen. Wie kann es gelingen, dass Frauen bestimmte Verhaltensmuster durch Literatur

---

[7]   Vgl. Weigel/Stephan: *Die verborgene Frau.* S. 26 ff.

nahegebracht werden? Inwiefern trägt Literatur dazu bei, erwünschtes weibliches Verhalten zu fördern?

Später entstand in Frankreich die so genannte »Écriture feminine«: Man suchte nach Alternativen zur männlich geprägten Erzählweise. Ein Beispiel wäre Luce Irigarays (geboren 1932) »Körper-Sprache«, eine poetische(re) Sprache im Sinne einer Art Gegensprache, die eine positive sexuelle Identität der Frauen ermöglichen soll. Die traditionellen Normen sollten verlassen werden, um eine spezifisch weibliche Sprechweise zu entwickeln. (Viele Aspekte, die Irigaray in ihrer Kritik an der männlich geprägten Standardsprache benennt, treffen in dieser Weise aber vor allem auf grammatikalische Eigenheiten des Französischen zu.) Die Psychoanalytikerin und Kulturtheoretikerin Irigaray prangert vor allem den so genannten Phallogozentrismus an. Darunter versteht sie, dass das männliche Geschlecht nach wie vor als einziger universeller Bezugspunkt dient.

Diskursanalyse und Dekonstruktion

Das bekannteste Werk der US-amerikanischen Professorin für Rhetorik und Komparatistik Judith Butler (geboren 1956) ist *Gender Trouble/ Das Unbehagen der Geschlechter* (1990). Das Buch revolutioniert die Gender-Forschung, da nicht nur Gender nach Butler sprachlich erzeugt wird, sondern auch schon das Körpergeschlecht (»sex«). Die Einteilung in zwei Geschlechter ist somit nur ein Konstrukt, das eine angeblich biologische Tatsache benutzt, um Macht auszuüben. Daher müssen diese Denkweisen dekonstruiert werden. Dazu schlägt Butler unter anderem Parodien vor, welche die Zweiteilung in Verwirrung bringen können: »Dabei geht es um solche Akte, die die Kategorien des Körpers, des Geschlechts, der Geschlechtsidentität und der Sexualität stören.«

Gender Trouble

Judith Butler: *Das Unbehagen der Geschlechter*. Frankfurt am Main 1991.
Paula-Irene Villa: *Judith Butler*. Frankfurt am Main 2012.

LITERATUR

Die Diskursanalyse, allen voran Judith Butler, behauptet, dass es gar keine natürlichen Körper jenseits ihrer Zurichtung durch die Zivilisation gebe. Gender hänge vor allem mit Performativität, also mit der Darstellung, der »Aufführung« zusammen. Wenn man etwas wieder und wieder auf ziemlich gleiche Weise wiederholt, wird Wirkung produziert und man hält diese Verhaltensweise für natürlich. Ein Beispiel wäre die Rasur: So viele Frauen rasieren sich, dass ein behaartes Frauenbein nicht mehr als natürlich gilt, sondern als schockierend, abnorm, ungepflegt usw. Positiv sieht Butler dementsprechend die Transvestiten, die die Geschlechterbilder zwar einerseits anerkennen, aber auch ständig ihre Grenzen überschreiten und sie somit subvertieren, also die scheinbar stabile Ordnung der Geschlechter in Frage stellen. Sie haben Widerstandspotenzial.

Laut Butler sind diejenigen Körper besonders sozial sinnhaft, bei denen die Kategorien »sex«, »gender« und »desire« (Begehren) im Einklang sind. In ihren Büchern diskutiert sie in diesem Kontext auch den Begriff der so genannten Zwangsheterosexualität. Wer möchte schon von der Norm abweichen? Es geht ums soziale Überleben, was einfacher ist, wenn man zweifelsfrei einem der traditionellen zwei Geschlechter zuzuordnen ist.

In den 1990er-Jahren erlebten eng damit zusammenhängend auch die so genannten Queer Studies einen Aufschwung.

Queer Studies

Zur Herstellung sexueller Identität

Wortgeschichtlich spielt »Queer« mit verschiedenen Bedeutungen: man denkt an »quer, verquer«, aber natürlich auch ans englische »queer« im Sinne von »homosexuell«. Queer Studies ist der Überbegriff für verschiedene Forschungsdisziplinen, die die Herstellung sexueller Identitäten untersuchen. Ende der 1980er-Jahre entwickelten sie sich aus den Gay und Lesbian Studies heraus und sind in den USA mittlerweile an den meisten Universitäten etabliert, was in Deutschland (noch) nicht der Fall ist. Identitätskonstruktionen und deren Folgen in kulturellen und sozialen Bereichen werden im Rahmen der Queer Studies kritisch beleuchtet. Gefragt wird in diesem Kontext natürlich auch, wie man (hetero)normative Bilder, in der Literatur beispielsweise, subversiv deuten kann.

Andreas Kraß: *Queer Denken. Gegen die Ordnung der Sexualität (Queer Studies)*. Frankfurt am Main 2003.

LITERATUR

Homosexualität wurde nicht mehr als feste Identität gesehen, sondern als Performanz, als wiederholte Handlungen. Die Philosophin und Philologin Judith Butler kämpft auch selbst gegen Homophobie, also gegen die Ungleichbehandlung oder Abwertung homosexueller Menschen. Dieser Kampf existiert natürlich auch in vielen europäischen Ländern. In Italien beispielsweise ist Anna Paola Concia als einzige offen lesbische Abgeordnete im Nationalparlament eine Ikone, die sich seit Jahren beharrlich für die Rechte homosexueller Frauen und Männer stark macht.

Michel Foucault ist hier ein herausragender Vertreter, der darauf hinwies, dass sexuelle Praktiken und Bilder von Männer und Frauen von Epoche zu Epoche unterschiedlich betrachtet und bewertet wurden, dass nichts natürlich ist, sondern alles gemacht.

»Macht ist ein produktives Prinzip in der Gesellschaft. Sie bringt Wissen hervor, erschafft durch ihre Kontrolle das Individuum und ganze Institutionen und Techniken.« (*Überwachen und Strafen, 1975*). Michel Foucault (1926–1984), französischer Philosoph, Psychologe, Soziologe und Historiker, gilt als Gründer der Diskursanalyse, die danach fragt, wie Dinge repräsentiert werden, wer durch Sprechakte die Macht hat, Entscheidungen zu treffen etc. Er untersuchte, wie Wissen entsteht, wie Ordnungen und Hierarchien konstruiert werden. Beispielsweise arbeitete er die Begriffsgeschichte des Wahnsinns heraus – wer jemanden als wahnsinnig bezeichnen durfte, mit welchen Konsequenzen usw. Als Diskurs gilt die Gesamtheit an existierenden Aussagen eines bestimmten Bereichs (z. B. Religion, Psychiatrie) zu einem bestimmten Zeitpunkt. Diese Gesamtheit wird von Zwängen

Wissen ordnet Gesellschaften

reglementiert, die manche Aussagen möglich und sagbar machen und andere nicht.

Michel Foucault: *Wahnsinn und Gesellschaft. Eine Geschichte des Wahns im Zeitalter der Vernunft.* Frankfurt am Main 1993.
Paul Veyne: *Foucault. Der Philosoph als Samurai.* Stuttgart 2009.

Sinn und Widersinn

Die Sexualität, so Foucault, müsse institutionell kontrolliert werden, Macht wird mit Begehren verbunden. Bisexualität wäre in diesem Zusammenhang eine trans-kategoriale Praxis. Das »Queer reading« (oder früher auch »Reading Against the Grain«) begibt sich auf die Suche nach sozusagen verbotenen Begehrensströmen in bekannten Texten, die man bislang nicht gesehen hat – oder nicht sehen wollte, die sogar dem Autor selbst (oft) nicht bewusst sind! Im Text kann man sehr wohl Widerstände gegen den kontrollierten und auch gegen den kontrollierenden Sinn aufspüren. Symbolische, kulturelle Mechanismen und Handlungen konstruieren etwas, was wir als Weiblichkeit wahrnehmen sollen und das oftmals von einer patriarchalen Sexualpolitik bestimmt ist. Erneut kann man als eins der noch harmloseren Beispiele die Rasur anführen, die von genügend Frauenfiguren in modernen Roman betrieben wird. Die unterschwellige Botschaft ist, dass man als unrasierte Frau seinen Partner wohl eher unangenehm überraschen dürfte... Man untersucht also nicht nur, wie Frauen dargestellt werden, sondern auch, welche Auswirkungen und Verbindungen zu der realen gesellschaftlichen Lage von Frauen bestehen. Der dekonstruktive Feminismus beschreibt das weibliche Lesen als eine Möglichkeit, die Maske der Wahrheit, hinter der das männliche Establishment seine Erfindungen und Dichtungen versteckt, auch tatsächlich als Maske zu entlarven.[8]

Abschied von Binaritäten

Judith Butlers 1991 in Deutschland erschienenes Buch *Das Unbehagen der Geschlechter* hatte wie bereits erwähnt die größte Breitenwirkung aller Veröffentlichungen zum Thema Feminismus und Dekonstruktion. Am Ende ihres Buches findet sich ein Appell an die Leserinnen und Leser: Sie wünscht sich, dass auch diese die Binarität, die Entwe-

---

[8] Vgl. Vinken: *Dekonstruktiver Feminismus.* S. 7–27.

der-Mann-oder-Frau-Matrix der Geschlechter in Verwirrung bringen und so auf deren Unnatürlichkeit aufmerksam machen. Die radikale Neuheit in ihrer Theorie ist die Interpretation, dass auch »sex« immer schon »gender« war. Dies belegt sie mit Beispielen von Intersexuellen, bei deren Geburt entschieden wird, welchem Geschlecht man sie zuordnet. Sie ist der Ansicht, dass es verschiedene Ebenen der Konstruktion gibt, um Gender als scheinbar natürliche Angelegenheit hinzustellen. Diese gilt es zu de-konstruieren. Die Kräfte und Mächte, die das gesellschaftliche Erscheinungsbild von Gender kontrollieren, müssen erkannt und in dem Zwangsrahmen, in den sie uns pressen, verortet werden.

Butler hat also etwas gegen feste Einheiten und spricht sich dafür aus, stattdessen die Uneindeutigkeiten politisch produktiv zu machen; z. B. in Form einer Koalitionspolitik, die Brüche und Individuelles akzeptiert und integriert. Man denke beispielsweise an die Situation der Regenbogen-Familien, die auch in Deutschland noch verbesserungsbedürftig ist.

Judith Butler wird hingegen auch immer wieder heftig widersprochen. Ein Vorwurf lautet, dass man sich nicht einfach so vom Sex-Gender-Erklärungsmodell verabschieden dürfe, weil man sonst die sozialen und gesellschaftlichen Bedingungen missachte, durch welche die Frage nach männlichen und weiblichen Subjekten und Handlungen relevant geworden ist.[9] Die Kategorien seien notwendig, damit man Misogynie, frauenverachtendes Verhalten, überhaupt ausdrücken könne. Butler trägt nach Ansicht einiger Forscherinnen zur Abschaffung der traditionellen feministischen Ideale bei.[10]

Kritik an Butlers Modell

Weitere Strömungen

Die Postcolonial Studies hängen ebenfalls mit der neueren Gesamttendenz zusammen. Sie untersuchen die Wirkungen von Kolonialismus

Verflochtene Identitäten

---

[9]   Vgl. Hof: *Von Women's Studies zu Gender Studies.* S. 519.
[10] Vgl. Alsop: *Theorizing Gender.* S. 94–114.

38

auf Länder und Kulturen vor und nach deren Unabhängigkeit. Ganz explizit wird verdeutlicht, dass die Bezüge in beide Richtungen verlaufen. Das heißt, das koloniale Erbe betrifft ebenso die Gesellschaft, die »Eroberer« entsandte, nicht nur die ehemals Kolonialisierten selbst. Verflochtene Identitäten sind oft die Folge der komplexen Prozesse der (Ent-)Kolonialisierung. Edward Said beklagte schon 1978 den Eurozentrismus, der beispielsweise Klischees über den Orient in europäischen Büchern zementierte. Homi Bhabha und Gayatri Chakravorty Spivak, zwei weitere berühmte Vertreter dieser kulturwissenschaftlichen Forschungsrichtung, entlarven ebenfalls die westliche Dominanz in vielen Bereichen, die den ehemals kolonialisierten Völkern Verhaltensmuster aufzudrängen versucht.

LITERATUR   Ina Kerner: *Postkoloniale Theorien zur Einführung*. Hamburg 2012.

Die Postcolonial Studies betonen, dass auch Herkunft und Hautfarbe Hierarchien produzieren, nicht nur das Geschlecht, beziehungsweise sich in Verbindung damit besonders unheilvoll auswirken können. Ähnlich wie bei den Bildern von Frauen findet man oft ambivalente Darstellungen, in denen der Andere einerseits als reizvoll erlebt, andererseits aber schier verabscheut wird. Beispiele finden sich en masse, z. B. in der englischen Literatur, die im kolonialisierten Indien entstand. Die Besatzer zeigen sich oftmals von den »Eingeborenen« beeindruckt oder angezogen, nur um bei der nächsten Gelegenheit, als sie beispielsweise ein traditionelles Ritual, das ihnen grausam erscheint, verfolgen, abgestoßen zurückzuschrecken. Gern wird auch den afrikanischen Frauen von weißen Schriftstellern/Kolonialisten eine animalische Sexualität unterstellt etc.

Der Vollständigkeit halber sollen die Men's Studies erwähnt werden: Nicht nur die Frauen machen sich Gedanken über ihre Geschichte, ihre Darstellungsweise in kulturellen Erzeugnissen und ihr tatsächliches Leben als Frau, sondern auch manche Männer entdecken, dass es eine Vielzahl von Männlichkeitsentwürfen gibt, dass auch Männlichkeit ein dynamischer Prozess ist, dass Identitätszwänge vorhanden sind, denen man sich widersetzen kann (oder auch nicht) und welchen

Preis das hat. Dazu wird aber nichts weiter ausgeführt, da das Hauptaugenmerk dieses Buches auf den Frauen liegt.

Bekanntheit hat auch die US-amerikanische Biologin und Naturwissenschaftshistorikerin Donna Haraway erlangt, eine Forscherin, die noch positiv gestimmt ist und die Grenzen zwischen Tier, Mensch und Maschine überwinden will. Die biologische Körperlichkeit spielt ihres Erachtens im Cyberspace keine große Rolle mehr oder bietet vielmehr die Möglichkeit zum Spiel, zur Vermischung usw. Ihr bevorzugtes Wesen, 1985 als Cyborg berühmt geworden, weist dementsprechend kein eindeutiges Geschlecht auf.

»Wir sind alle Chimären, Hybride aus Maschine und Organismus, mit einem Wort – wir sind Cyborgs.« (Cyborg-Manifest). Donna Haraway (geboren 1944), studierte evolutionäre Philosophie und wurde vor allem durch den postmodernen feministischen Essay *A Manifesto for Cyborg* berühmt. Die Naturwissenschaftshistorikerin ist Professorin für feministische Theorie und Technoscience. Zeitlebens interessierte sie sich für Bio- und Informationstechnologien und betonte das Unbestimmte der Grenzen zwischen Menschen, Maschinen und Tieren. Sie möchte die Grenzen zwischen Natur und Kultur destabilisieren. Die US-Amerikanerin bezieht gegen den Ökofeminismus Stellung, da sie Technikfeindlichkeit als nicht zielführend für einen postmodernen Feminismus erachtet. Außerdem betont sie die engen Zusammenhänge zwischen Geschlecht, ethnischer Herkunft und Schichtzugehörigkeit.

LITERATUR

> Donna Haraway: *Die Neuerfindung der Natur. Primaten, Cyborgs und Frauen.* Frankfurt am Main 1995.
> Astrid Deuber-Mankowsky: *Praktiken der Illusion. Immanuel Kant bis Donna Haraway.* Berlin 2005.

Die Notwendigkeit politischer Einheit

Abschließend kann man sich also in den ganzen Unterströmungen und Ausdifferenzierungen verlieren oder aber sich für ein nach wie vor eindeutiges, politisches Statement entscheiden. Dieses ist umso mehr notwendig, da Frauen in hohen Posten genau dem reaktionären Trend entsprechen, der uns noch weiter in den Abgrund führt – bestes Beispiel dafür ist Kristina Schröder, die sich in ihrem Buch *Danke, emanzipiert sind wir selber!* von den Frauen verabschiedet und jede hängen lässt, die nicht so erfolgreich und begünstigt ist wie sie selbst.

Kristina Schröder und die Folgen

»Wir brauchen keine Rollendiktate«, so Anti-Ikone Kristina Schröder (geboren 1977), CDU, Bundesministerin für Familie, Senioren, Frauen und Jugend in *Danke, emanzipiert sind wir selber!*. Der Stil dieses peinlich anti-feministischen Werks ist simpel, geradezu pampig und man spürt, dass die Autorin so ganz glücklich doch nicht ist mit ihrem Verrat an einer Sache, die ihr aufgrund ihres Amts gerade besonders am Herzen liegen sollte. Stattdessen wirft sie mit Herdprämien und anderen rückwärts gewandten, konservativen Ideen die Frauen um Jahrzehnte zurück und verweist sie wieder auf ihren traditionellen Platz. Das Private ist nicht politisch, sagt die oft völlig unpolitisch denkende Ministerin, die konsequent leugnet, dass Frauen vor strukturbedingten Problemen (wie z. B. dem Mangel an Kita-Plätzen) stehen. Dass sie ihre Gleichstellungsberaterin entlässt, sich dafür aber um die Gleichstellung der Männer sorgt, sagt alles.

LITERATUR

Kristina Schröder/Caroline Waldeck: *Danke, emanzipiert sind wir selber! Abschied vom Diktat der Rollenbilder.* München 2012.
Bascha Mika: *Die Leere im Denken der Kristina Schröder.* Frankfurter Rundschau (18.4.2012).

Traurigerweise stellt Schröder den Feminismus genauso dar, wie das sexistische Talk-Show-Moderatoren tun – ohne Grundlagen und Wahrheiten wird er ins Museum verbannt, wohin man als erzürnte Leserin am liebsten die Ministerin selbst mit ihren altbackenen Thesen schicken möchte – als versprengte Spezies eines aggressiven, anti-feministischen »Yes, you can!«, das voraussetzt, dass man sich an die Standards der Männer anpasst und auf echte Gleichstellung absichtlich verzichtet. Gleiche Rechte und Pflichten interessieren Schröder nicht, ihr geht es um die eitle Selbstdarstellung nach dem Motto »Bemüht euch,

Frauen, schleimt euch ein und ihr schafft es!« und um die Kampfansage an den Feminismus, die natürlich notwendig ist, damit sie ihr schlechtes Gewissen beruhigen und ihren Verrat an der Sache der Frauen übertünchen kann. Denn die Lage der Frauen hat sich seit ihrem Amtsantritt wahrlich nicht verbessert. Offenbar lebt Frau Schröder in einer heilen Welt und weigert sich standhaft und erfolgreich, die Realität zu sehen, die leider immer noch auch Frauen beinhaltet, die ihr wahrscheinlich wenig passen: Frauen aus Familien, deren Startchancen nicht die besten sind, Frauen, deren Männer sie schlagen, Prostituierte besuchen oder einfach »nur« keinen Finger im Haushalt rühren und die Kindererziehung komplett ihnen überlassen. Die Idealen der Pornowelt anhängen. Scheinbar ist Frau Schröder auf dem Auge blind, auf dem sie es am allerwenigsten sein sollte – wenn es um psychische oder physische Gewalt an Frauen geht, um ungleiche Chancen und Ungerechtigkeiten aller Art. Waren dies früher »normale« feministische Ziele, gilt man heute schon als Radikalfeministin, wenn man es sich »anmaßt«, die Stimme gegen die fortschreitende Pornografisierung der Medienwelt und ähnliche Missstände zu erheben...

Unter den älteren politisch gesinnten Feministinnen, die den Kampf noch nicht aufgegeben haben, finden sich viele, die die eigentliche Gleichheit der Geschlechter in den Vordergrund stellen und daraus gleiche Rechte und Pflichten, echte Gleichberechtigung, ableiten. Anders die Differenzfeministinnen (z. B. die schon erwähnte Luce Irigaray), die eher die Unterschiedlichkeit der Geschlechter betonen und sich darauf abgestimmte Politik wünschen. Weiblichkeit soll hierbei eine Alternative zur männlich geprägten Kultur darstellen, die erst hergestellt werden muss, die sich auch den Zumutungen und Zuschreibungen der Zweigeschlechtlichkeit entzieht.

Der Kampf ist noch nicht vorbei

Allgemein steht der weibliche Körper immer wieder im Zentrum der Auseinandersetzungen: Prostitution, Vergewaltigung in der Ehe, Belästigung am Arbeitsplatz, Abtreibung, moderne Reproduktionstechnologien – all diese Themen betreffen die ganz realen Körper vieler deutscher Frauen und was diesen Körpern zugemutet wird. Feministinnen fragen sich, wie man den weiblichen Körper schützen kann vor unerwünschten Ein- und Übergriffen. Und mit welchen Kunstgriffen man es immer wieder bewerkstelligt, dass die Leidtragenden selbst für ihr Leid verantwortlich gemacht werden. Stichwort »Mein Bauch gehört mir«, ein bekanntes Motto der Pro-Abtreibungs-Fraktion der zweiten Welle der Frauenbewegung.

International begegnen uns natürlich einige, mindestens ebenso gravierende Attacken auf weibliche Integrität: Beschneidung, Sextourismus, Kriegsverbrechen, Menschenhandel usw. Aber wir müssen uns gar nicht aus Deutschland weg begeben. Nimmt man unser Strafrecht unter die Lupe, offenbart sich, dass viele populäre biologistische Theorien darin fest verankert sind! Beispiel: Männliche Sexualität ist eben archaisch aggressiv und die Frau wurde halt vom Jäger aus der Steinzeit schon immer als Beute gesehen... Hier passt die moderne Realität nicht mehr zur pseudo-wissenschaftlichen Orientierung an Macho-Einstellungen.

Die Ignoranz gegenüber »Frauenkrankheiten«

In der neueren Gewaltforschung wird die nicht-körperliche Gewalt zumeist ignoriert[11], was die Auswirkungen selbiger auf zahlreiche Frauen beleidigt. Es gibt viele Krankheiten, sehr oft Autoimmunerkrankungen, die Frauen nach einem psychischen Schock entwickeln. Sensible Frauen, die von ihrem Partner gekränkt oder verlassen werden, reagieren nicht selten mit plötzlichen Ausschlägen, starkem Haarausfall, Allergien, Bandscheibenvorfall etc. Hier versagt auch gerne die Schulmedizin, die die Psyche gerade der Patient*innen* viel zu wenig beachtet und in Diagnose und Therapie berücksichtigt. Mancher Gynäkologe kennt das Polyzystische Ovarialsyndrom (PCOS) beispielsweise gar nicht oder kann es nicht diagnostizieren, wenn es in leichterer Ausprägung bei einer Patientin vorliegt, die dann oft fehlbehandelt wird. Dabei leiden fast 10 Prozent der deutschen Frauen an dieser hormonellen »Störung«, deren häufigste Symptome Haarausfall, Neigung zu

---

[11] Vgl. v. Braun/Stephan: *Gender@Wissen. Ein Handbuch der Gender-Theorien.* S. 131.

Insulinresistenz und Gewichtszunahme, Zyklusschwankungen usw. sind. Sie wirken insgesamt etwas weniger »weiblich«, was auch zu psychischen Auswirkungen führt. Nach der Diagnose muss dann noch die richtige, individuell passende Therapie gefunden werden, was im Falle des PCOS nicht einfach ist. »Haarig, fett und unfruchtbar« – so fasst die britische Journalistin und Publizistin Vivienne Parry das typische PCOS-Erscheinungsbild zusammen und weist darauf hin, dass die Betroffenen außerdem zu Diabetes tendieren. Eine mögliche Therapie besteht dementsprechend in einer Verabreichung von Medikamenten, die auch Diabetiker bekommen. Recherchiert man im Netz zu diesem Thema, liest man lapidare Beschreibungen des Syndroms, die dann die Glatzenbildung als eine von vielen Konsequenzen nennen. Jeder kann sich selbst ausmalen, was es gerade für Frauen bedeutet, sich langsam, aber sicher der Glatze zu nähern! Verantwortungslose Gynäkologen lösen bei den PCOS-Frauen mit Kinderwunsch oft einen Eisprung aus, was dann in der Regel Mehrlingsschwangerschaften, die in der Zeitung auftauchen, zur Folge hat. Vielleicht haben sie das Syndrom aber auch nur nicht erkannt... Die unglückliche Haarverteilung ist für Frauen auch schlimmer als für Männer. PCOS-Betroffene leiden unter Haarausfall am Kopf, aber gleichzeitig unter verstärkter Körperbehaarung,[12] was verständlicherweise zu den physischen auch noch psychische Probleme beschert. Schon graue Haare betrachten viele als ein No-go bei Frauen, man stelle sich vor, wie die Reaktionen der Umwelt auf gar keine Haare ausfielen! Die fundamentale Ungerechtigkeit der Bewertung der optischen Erscheinung zwischen den Geschlechtern ist hier wieder einmal besonders auffällig: während dicke, alte, bebrillte Herren mit grauen Resthaarbeständen kein Thema sind, wäre eine ebenso aussehende Frau ein wandelndes Schreckbild und man darf davon ausgehen, dass sie keine Position inne hätte, die sie in irgendeiner Weise der Öffentlichkeit aussetzt...

Frauen brauchen also wahrlich nicht zu jubeln angesichts der Forschungslage im endokrinologischen Fachgebiet (der Erforschung hormoneller Zusammenhänge), um hier nur ein prägnantes Beispiel zu nennen. Dieser medizinische Bereich, der zumeist von den Gynäkolo- Das Desinteresse der Forschung

---

[12] Vgl. Parry: *Der Tanz der Hormone.* S. 176 ff.

gen irgendwie mit abgedeckt wird, bietet also zum einen schon mal zu wenig Budget, um angemessene Forschung betreiben zu können. Ist aber auch nicht so wichtig, scheinen sich die betreffenden Geldgeber zu sagen, es geht ja in diesem Zweig hauptsächlich um kleinere (oder größere) Probleme von Frauen, die durch hormonelle Misslagen hervorgerufen werden.

Ein weiterer Aspekt der Frauengesundheit sind natürlich die Essstörungen, mit denen Ärzte viel Geld machen. Man rechne einmal durch, wie viel ein stationärer Aufenthalt mit Therapien aller Art für eine magersüchtige Frau kostet. Allein in den USA sterben pro Jahr 17.024 Menschen an Anorexie (»Magersucht«), wobei der überwiegende Anteil davon weiblich ist! 75% der Frauen zwischen 18 und 35 halten sich für zu dick – kein Wunder, gerade diese Altersgruppe hat es mit einer Überflutung durch bearbeitete Bilder von operierten »Vorbildern« zu tun, an denen jede Frau aus der realen Welt nur scheitern kann! Hunger wirkt wie ein Sedativ und hält viele Frauen davon ab, volle Leistung zu bringen, was sich wiederum auf ihre Arbeit und die geringeren Karrierechancen auswirkt. Naomi Wolf bezeichnet diese Frauen als politische Gefangene im eigenen Körper, deren Leib der Gesellschaft gehört und nicht ihnen selbst.[13] Der konstante Hunger, dem sich unheimlich viele Frauen aussetzen, um der »Idealfigur« zu entsprechen, hat nicht nur eine verminderte Leistungsfähigkeit zur Folge, sondern auch zahlreiche andere Beschwerden, Reizbarkeit und eine weniger ausgeprägte Libido.

Die medizinischen Bezeichnungen spielen eine nicht zu vernachlässigende Rolle. Wenn man die Menstruation als Störung betrachtet und die Menopause als Krankheit, wenn der Gynäkologe biomedizinisch begründet, was eigentlich gesellschaftlich verordnet wird, dann gibt es kein Entrinnen. Werbung und Kosmetik tun ein Übriges und verkaufen Cremes gegen Zellulitis, eine 1973 erfundene Krankheit – davor sprach man einfach von weiblichem Fettgewebe! Aber man darf nicht mehr natürlich sein, man darf dem Alter nicht mehr positiv gegenüber stehen, man hat nur noch seinen Körper zu hassen, um ihn zur Ein-

---

[13] Vgl. Wolf: *The Beauty Myth*. S. 282.

schreibefläche für Gewalt herzugeben. Ob das jetzt Operationen sind, die nicht sein müssten, oder Zurschaustellungen, die erst einmal eine Ganzkörperrasur erfordern. Man hat sich um seinen Körper zu kümmern, nicht um die Seele oder den Verstand. Erinnert doch irgendwie an die Behauptungen vergangener Jahrhunderte, als zu hören war, viel lesende Frauen riskieren die Verkümmerung ihres Uterus! Heilerinnen gerieten damals aus der Mode. Sie wurden verbannt und die Männer rissen die Vorherrschaft in der Medizin an sich – und konnten so geschickt und wie nebenbei auch die Kontrolle über die Frauen an sich bringen.

Im 19. Jahrhundert beispielsweise wurden ein paar Chirurgen berühmt, weil sie Instrumente und Methoden entwickelten, die es möglich machten, die Klitoris zu entfernen, die sie als Wohnsitz allen Übels betrachteten! Die Frau, idealiter eben die Mutter, hatte asexuell zu sein und den Mann zu retten. De facto war der Erhalt des »Machtgleichgewichts« beabsichtigt – Männer sollten weiterhin die Frauen überwachen und beherrschen können.

Heute treffen Hautkrankheiten wie Neurodermitis in erster Linie Frauen, die sich dann, entsetzt wegen des zeitweiligen ärztlichen Schmink-Verbots (weswegen sie sich wie Aussätzige fühlen!), in zahlreichen deutschen Hautkliniken verkrümeln. Die so genannte Stewardessen-Krankheit tritt gerade wegen ständigen, massiven Schminkens auf!

Die Medizin gibt sich nach außen hin natürlich fortschrittlich und so liest man im Vorspann zur Fachzeitschrift *Synapse* eine auch tatsächlich so genannte »Gender Erklärung«, die darauf hinweist, dass im Sinne einer vereinfachten Lesbarkeit die zusätzlichen Formulierungen in der weiblichen Form nicht vorkommen. Die ausschließlich männliche Form (!) solle man doch bitteschön als geschlechtsunabhängig verstehen. Da ist er wieder, der Androzentrismus: alles, was nicht markiert ist, ist menschlich-männlich-allgemein-objektiv-universal. In scheinbar positiven Absichtserklärungen – oder wohl besser Lippenbekenntnissen – findet man doch nur wieder, was man so schon gewohnt ist und was sich auch nicht ändern wird, wenn es nach der *Synapse* geht...

Rollenkorsette formen Körper wie Chancen

Diese Klischees und Mythen, die sprachlich beginnen, setzen sich immer noch viel zu oft in der Berufswahl fort. Die Frauen wählen weniger oft – selbst wenn sie sehr gut auf diesem Gebiet sind – einen mathematischen Beruf. Dass manche Jungs im Räumlichen wirklich besser sind, hat nicht, wie uns oft glauben gemacht wird, einen biologischen Grund (bedingt durch das Gehirn oder durch Hormone). Vielmehr liegt es an der simplen Tatsache, dass Jungen viel mehr und viel öfter Computerspiele spielen, die diesen Bereich *trainieren* und einüben. Es gibt somit keinen Grund, dass einige ihr besseres Abschneiden auf diesem Gebiet als von Gott oder Natur gegeben auslegen... Die scheinbaren Testosteronwirkungen ist eben doch in der Regel der Einfluss sozialer Erwartungen!

Stereotype eignen sich auch wunderbar, den Frauen Angst zu machen: Machtgierige Frauen seien nicht mehr weiblich! Dementsprechend sank in den Jahren 1997 bis 2005 der Anteil der Frauen in der Technikbranche von 27 auf 21 Prozent. Besonders gefährlich sind biologistische Deutungsmuster auch deswegen, weil sie durch prähistorische Szenarien den Frauen vorgaukeln »So war es schon immer!« und die traditionelle Arbeitsteilung, die bei vielen Paaren nach wie vor vorherrscht, als natürlich erscheinen lassen. Alternative Theorien bezüglich der Evolution oder Forschungsergebnisse, die nicht in den aktuellen Trend passen, werden von den Medien oft einfach unterschlagen! Auch die beruhigend konventionellen First Ladies werden gerne als Rollenmodelle präsentiert für die arbeitenden deutschen Frauen: »Achte wie Michelle Obama bitteschön in erster Linie auf den richtigen Muskeltonus deiner Oberarme!« Danach kann man sich um offenbar unwichtigere Dinge, wie beispielsweise die eigene Karriere, kümmern.

Jenseits der Heterosexualität

Auch die Intersexuellen müssen, beispielsweise am Arbeitsmarkt, oft erhebliche Anfeindungen ertragen. Vor zwanzig Jahren begannen Menschen, die weder als Mann noch als Frau geboren wurden, für ihre Rechte und ihre Anerkennung einzutreten. Mittlerweile haben sie den Deutschen Ethikrat erreicht, der in seiner kürzlich erfolgten Stellungnahme der Bundesregierung den Ratschlag vorlegte, im Einwohnermeldeamt zwischen »weiblich« und »männlich« nicht mehr um jeden Preis wählen zu müssen, sondern im Bedarfsfall auch »anders« eintragen lassen zu dürfen, was in Australien beispielsweise längst erlaubt ist. Wünschenswert wäre außerdem, die Eintragung eine Weile offen lassen zu können, bis die Person alt genug ist, sich im Falle des Falles zu entscheiden. Ein Höchstalter kann eingeführt werden. Möglichst wenig Druck für die Betroffenen sollte oberste Priorität sein.

Inter- und Transsexualität

Das lateinische »inter« heißt »zwischen« – in diesem Fall zwischen den beiden Geschlechtern. Früher nannte man Intersexuelle, also Menschen, die medizinisch-biologisch nicht eindeutig einem der zwei Geschlechter zuzuordnen sind, Hermaphroditen oder Zwitter.

Intersexualität ist etwas anderes als Transsexualität oder Transgender. Bei letzterem Phänomen passen Geschlechtsidentität und biologisches Geschlecht nicht zusammen, was die Betroffenen spüren und als sehr störend erleben. Es gibt aber auch Intersexuelle, die sich als Transgender bezeichnen, was daran liegt, dass sie sich oft für ein anderes Geschlecht entscheiden als das, was man ihnen direkt nach der Geburt aufzwang. Personen, die biologisch weiblich sind, aber eine männliche Geschlechtsidentität haben, werden als Frau-zu-Mann-Transsexuelle bezeichnet und umgekehrt.

Hertha Richter-Appelt: *Intersexualität. Störungen der Geschlechtsentwicklung.* In: Bundesgesundheitsblatt, 2006/50, Nummer 1. S. 52–61.

LITERATUR

Alle, die in irgendeiner Weise von der sexuellen Norm abweichen, müssen mit Sanktionen rechnen und können froh sein, wenn diese

Homosexualität

nicht von Seiten des Staats kommen! Berühmtes Beispiel: der irisch-englische Schriftsteller Oscar Wilde, der zur Zwangsarbeit verurteilt wurde, nachdem seine Affäre mit dem jungen Lord Alfred »Bosie« Douglas aufgeflogen war. »Sodomie« war auch in Deutschland lange strafbar. 1935 verschärften die Nationalsozialisten den ohnehin schon bestehenden § 175 des Strafgesetzbuches: schon Annäherungen ohne jegliche Berührung waren strafbar! Zwischen 1945 und 1969 wurden etwa 50000 Männer zu Gefängnisstrafen verurteilt. Ganz gestrichen wurde der »175er« erst 1994! Die Politik reflektiert, was viele denken, aber nicht offen zeigen: eine mehr oder minder ausgeprägte Homophobie. Weibliche Betroffene leiden darunter mindestens so sehr wie männliche, denn während »der Schwule« eine für manche wiederum schon kultige Lebensweise pflegen kann, treffen lesbische Paare meistens die übelsten Klischees. Dies kann man auch bei kleineren Veranstaltungen im bayerischen Raum erleben, z. B. beim Regensburger Lesben- und Schwulenfest. Die Transvestiten werden bestaunt, viele finden sie schräg und witzig, die kurzhaarigen Lesbierinnen werden naserümpfend abgestempelt: »Die haben halt bei den Männern keine Chance, dann wird man lesbisch.« Dass derartige Einschätzungen leider nicht nur in Bayern vorkommen, belegen Berichte Betroffener aus dem ganzen Bundesgebiet, sogar aus Berlin. Die rechtliche Gleichstellung ist nach wie vor für Homosexuelle nicht selbstverständlich, die gesellschaftliche wird noch länger auf sich warten lassen... Wobei in manch anderen europäischen Nachbarstaaten die Lage noch katastrophaler ist. So musste Anna Paola Concia, die berühmte italienische Abgeordnete, ihre Freundin Ricarda in Frankfurt am Main heiraten, weil in Italien nach wie vor nicht einmal eine eingetragene Lebenspartnerschaft möglich ist.

Und da kommen jetzt auch noch die Intersexuellen daher und verkomplizieren die Lage... Michel Foucault und Judith Butler, um zwei der prominentesten Beispiele zu nennen, schreiben viel über mehr oder minder bekannte Fälle, in denen die eindeutige Zuordnung zu einem Geschlecht direkt nach der Geburt einfach nicht möglich ist. Hérculine, ein berühmtes Beispiel aus dem vergangenen Frankreich, wurde mehrfach zum Wechsel der Geschlechtsidentität gezwungen und fühlte sich nirgends daheim. Foucault erzählt ausführlich und anrührend vom Leiden dieses Menschen. Öfter als man denkt (oder es vielleicht wahrhaben will), werden Kinder geboren, deren Genitalien nicht ausgeprägt (genug) sind, die Merkmale beider Geschlechter aufweisen, die früher als Hermaphroditen oder Zwitter bezeichnet wurden und die es immer schon gab. Hebammenordnungen existierten seit dem 15. Jahrhundert und legten fest, dass selbige einen Arzt hinzuziehen mussten, wenn eine »Missgeburt« (auch so wurden sie damals genannt) vorlag. Im 18. Jahrhundert wurden Schwangerschaft, Geburt und Mutterschaft immer mehr medizinisch überwacht. Schon um 1800 gab es einige Menschen, die mittels eines ärztlichen Attests ihren Geschlechtsstatus änderten. 1871, im gerade gegründeten Deutschen Reich, regelte das neu eingeführte Personenstandsgesetz den Eintrag von Ehen, Geburten und Todesfällen. Das Geschlecht eines Babys musste angegeben werden und Hermaphroditen verloren das Geschlechtswahlrecht. Sie sollten von medizinischen Experten zugeordnet werden. Erst in den 1990er-Jahren protestierten Organisationen intergeschlechtlicher Personen gegen die menschenunwürdigen Behandlungen und Operationen im Kleinkindalter und erreichten damit immerhin, dass das Problembewusstsein der Leute geschärft wurde. Ihre Lage fängt endlich an, sich langsam zu verbessern. Aber nach wie vor sei es so, berichten Betroffene, dass das Umfeld sie zu Kranken abstemple, dass die Medizin immer noch zu schnell eingreife. Die Öffentlichkeit wisse zu wenig und die Unterstützung fehle.

Ein Beispiel hierfür ist auch, dass der Begriff der Intersexualität oft auch Frauen übergestülpt wird, die an dem Androgenitalen Syndrom leiden, denen also aufgrund einer Hormonstörung die Vermännlichung der Genitalien droht. Diese Gruppe lehnt die Bezeichnung zum größten Teil auch selbst ab. Intersexuelle in Deutschland leben viel häufiger allein als der Bevölkerungsdurchschnitt. Gewalt, Spott und Beleidigungen sind für viele von ihnen Alltagsprobleme!

In Großbritannien und Spanien gab es übrigens schon früher gesetzliche Regelungen, die diesen Personen weniger Steine in den Weg legten. Widersprüchliche Geschlechtsmerkmale wurden dort nicht in dem Maße zum Problem gemacht wie in Deutschland. Hierzulande ist es leider schon noch so, dass die Kinder mit uneindeutigen Genitalien an diesen in sehr jungem Alter operiert werden, um eine »Verdeutlichung« herzustellen, was viele Betroffene lang anhaltend traumatisiert und ihre ungestörte Entwicklung ebenso beeinträchtigt wie ihre sexuelle Selbstbestimmung. Dabei ist ein Merkmal der Intersexuellen, dass sie in ihrem Geschlechtserleben oft nicht eindeutig sind und somit auch nicht (anders als manche Mediziner glauben) ganz einfach eindeutig gemacht werden können, was Aussehen und geschlechtliche Identität betrifft. Geschlechtsanpassende Operationen sind auch bei den Transsexuellen stark zurückgegangen, seit dies nicht mehr Voraussetzung ist für eine Personenstandsänderung.[14] Die Diagnosen »Inter« und »Trans« werden, wie das Wort »Diagnose« schon sagt, durchaus dazu benutzt, diese Leute als krank oder einfach (negativ) abweichend hinzustellen. Andererseits ermöglicht sie mancherorts die Kostenerstattung für medizinische Maßnahmen, da ja die meisten Betroffenen an den Reaktionen der Gesellschaft auf ihre Erscheinung leiden. In Argentinien zeigt das Gesetz die höchste Fortschrittlichkeit in diesem Punkt. Eine Personenstandsänderung ist durch eine einfache Eigenerklärung möglich und allen Trans-Menschen stehen selbstverständlich sämtliche gewünschten medizinischen Maßnahmen des (staatlich finanzierten) Gesundheitssystems offen. In Deutschland haben Trans und Inter oft ähnliche Probleme: eine geringe geschlechtliche Selbstbestimmungsmöglichkeit, wenig Akzeptanz und Stigmatisierung. Trans aber müssen sich oft die Finanzierung gewünschter Maßnahmen im medizinischen Bereich erkämpfen, wohingegen Inter überflüssige Eingriffe abwehren müssen.[15]

Feministinnen kritisieren Sexismus, wo immer er ihnen begegnet und das ist leider nicht nur im medizinischen Bereich der Fall. Sie stellen unter anderem fest, dass auch unsere herkömmliche, so normal erscheinende Geschichtsschreibung herrschenden Geschlechterbildern verhaftet bleibt. In der Musikgeschichte ist es nicht anders. Wer kennt

---

[14] Vgl. Richter-Appelt: *Geschlechtsidentität und -dysphorie.* S. 2.
[15] Vgl. Mittag/Sauer: *Geschlechtsidentität und Menschenrechte im internationalen Kontext.*

nicht das Beispiel von Felix Mendelssohn-Bartholdys Schwester Fanny, die manche Werke unter dem Namen ihres Bruders veröffentlichen musste. Fanny wurde erst recht spät wieder entdeckt, wie so viele andere Komponistinnen vor ihr. Der musikalische/literarische/... Kanon, also die als Klassiker betrachteten Werke, besteht in überwältigendem Maß aus Produkten, die Männern aus der Feder/dem Pinsel/... flossen, weil die Frauen in der Versenkung verschwanden, weil sich wenige darum kümmern, sie aus selbiger wieder herauszuholen und ihre oft grandiosen Werke dem Publikum vorzustellen. Feministinnen in der Musikwissenschaft untersuchen mit Leidenschaft Rollenspiele, Verkleidungen usw. – alles, wodurch der gesehene Körper und oder die gehörte Stimme de-naturalisiert werden, das heißt in ihrer Künstlichkeit und Konstruiertheit bloß gestellt werden.

Der Feminismus hat also (immer) noch mehr als genug Arbeitsfelder und ist mitnichten tot. Im Folgenden werden daher die brisantesten Themen ausführlich behandelt. In der Hoffnung, allen Leserinnen und Lesern die leider oft sehr versteckte Misogynie bewusst zu machen.

Pornografiekritische Karikatur, Frankreich, 19. Jahrhundert

2. Pornografie

Die falsche Toleranz für Pornos

Die aktuelle Porno-Debatte ist mittlerweile genauso weichgespült wie die gesamte Feminismus-Diskussion. Die Postmoderne hat auch hier Einzug gehalten mit ihrem Sich-nicht-Festlegen, Nicht-Verurteilen, Nicht-Einmischen etc. Auf kaum einem anderen Gebiet hat das jedoch so gravierende negative Folgen für alle Frauen – auch für die, die es partout nicht wahrhaben wollen. Momentan ist es in, sich hyper-tolerant zu geben und nicht nur nichts gegen Pornos zu haben, sondern sie geradezu toll zu finden, als Zeichen unserer Befreiung zu sehen. Man muss aber kein Student der US-amerikanischen Porn Studies sein, um eine Auffälligkeit gleich vorweg benennen zu können: Berichte und Artikel, Bücher und Studien zum Thema Pornografie sind im 21. Jahrhundert extrem einseitig – nämlich positiv! Der *Spiegel* (Ausgabe 23/2012) lässt verlauten, dass beide Geschlechter von Pornos profitieren, was schlichtweg falsch ist und bestehende Asymmetrien, die zu Ungunsten sämtlicher beteiligter Frauen operieren, nicht nur herabspielt, sondern glatt ignoriert. Für den *Spiegel* existieren sie nicht, diese Asymmetrien. In der Realität existieren sie aber leider sehr wohl, auch wenn Tausende von Pseudo-Ratgebern des Typs »Wie werde ich die perfekte Geliebte?« diese Punkte ebenfalls ausklammern. Auch wenn es ganz wenige Ausnahmen gibt, Regisseur*innen, die Pornos für Frauen und deren Bedürfnisse produzieren und manchmal den Spieß umdrehen (oder auch nicht).

Die Asymmetrien zwischen den Geschlechtern werden in den Büchern der Autorinnen der zweiten Welle eindringlich und anschaulich zum Ausdruck gebracht. Allen voran ist hier Andrea Dworkin zu nennen, eine US-amerikanische Anti-Porno-Aktivistin, Soziologin und Schriftstellerin.

Radikalfeministische Positionen

»Pornographie bedeutet, dass Dachau ins eigene Schlafzimmer gebracht und dort gefeiert wird.« (*Pornography. Men possessing Women.*) Andrea Dworkin (1946–2005) ist als Radikalfeministin zeitlebens eins der bevorzugten Opfer erboster Männer gewesen, die nicht damit zurechtkommen, wenn ihnen gesagt wird, was ihr Pornokonsum eigentlich bedeutet. Unzählige Schriften verleumden die Anti-Porno-Aktivistin und versuchen mit aller Macht, sie lächerlich zu machen. Nicht nur zu ihren Lebzeiten – im Internet finden sich auch heute noch genügend Schmähbeiträge, welche die Feministin als männermordendes Unding porträtieren. Dabei ersehnte sie nichts anderes als echte Gleichheit. Die Vehemenz und Unsachlichkeit ihrer Feinde zeigt, wie sehr dieser angestrebte Gesellschaftszustand manchen Männern nach wie vor ein Dorn im Auge ist.

LITERATUR

Andrea Dworkin: *Pornography. Men possessing Women.* London 1981.
John Stoltenberg: *Living With Andrea Dworkin. Lambda Book Report* Mai/ Juni 1994.

Für ihr Engagement erntete sie unglaubliche Anfeindungen – von Porno-Produzenten und -Konsumenten. Diese hörten es nicht gern, wenn jemand mit ihnen Klartext redete: »Her purpose is to be the thing that provokes erection.«[16]. Dworkin zeigte den Pornographen, dass ihr Frauenbild also darin bestand, Frauen als Dinge zu sehen, deren ganze Funktion sich darin erschöpft, Erektionen hervorzurufen.

WikiMANNia

Der Anti-Feminismus treibt allerorts bizarre Blüten. Ein Blick auf die Internet-Beiträge von WikiMANNia (gegründet 2009) bestätigt dies eindrucksvoll. Dort wird jede Feministin vorgestellt – aber so negativ wie möglich porträtiert. Das beginnt schon beim Foto, welches stets ei-

---

[16]   Dworkin: *Pornography. Men possessing Women.* S. 128.

nes ist, das die Frau kurz vor ihrem Tod zeigt und auch noch möglichst schlecht getroffen. Implizite Botschaft: Seht, eine so hässliche, frustrierte, alte Kuh *kann* ja nur Feministin sein! Dementsprechend gestalten sich auch die schriftlichen »Informationen« über die jeweilige Frau, die in möglichst schlechtem Licht dargestellt wird. Biographische Details werden ausgegraben, von denen die Betreiber scheinbar hoffen, dass sie die Lesenden beeinflussen. Männer sollen die Feministinnen als das sehen, was sie in den Augen der misogynen WikiMANNia-Betreiber sind: neidische, unattraktive Spaßbremsen. Natürlich wird da auch ein Buch wie Michail Xenos' *Medusa schenkt man keine Rosen*, eine peinliche, wütende Abrechnung mit dem Feminismus, positiv besprochen. In einer Rezension liest man, dass Frauen mit echten, tollen Männern einfach nicht mithalten können und darauf wütend reagieren. Dabei projiziert der Autor seine eigenen Unterlegenheitsgefühle auf die Frauen im Allgemeinen und auf die Feministinnen im Besonderen!

Auch Diana Russell (geboren 1938), Soziologin und Aktivistin gegen Verbrechen an Frauen, erlebte viel Demütigendes im Kampf gegen das, was Frauen aller Art demütigt – das Schreiben über Huren, was der aus dem Griechischen stammende Begriff »Pornografie« wörtlich übersetzt heißt. In den 1970er-, 80er- und teilweise noch den frühen 90er-Jahren war es wenigstens unter Feministinnen üblich, der Pornografie nicht das Wort zu reden, sondern auf problematische Aspekte aufmerksam zu machen.

Heute hingegen ist es verpönt, Kritik an diesem Genre zu äußern. Ich tue es alldem zum Trotz. Weil Dworkin, Russell und wie sie alle heißen, nicht umsonst gekämpft und gelitten haben sollen. Weil Frauen in aller Welt nicht wegen Pornografie leiden sollen. Weil kein falscher Eindruck entstehen soll: Niemand darf denken, nur weil ein paar postmoderne Gender-Forscherinnen der Pornografie neutral oder gar positiv gegenüber stehen (aus falsch verstandener Toleranz? Aus einer Attitüde heraus, um jeden Preis alles dekonstruieren und relativieren zu müssen? Oder etwa aus Unkenntnis einiger Fakten?), erkennt niemand mehr den massiven Missstand in unserer Welt, der Frauen den unteren Platz zuweist. Judith Butler beispielsweise erkennt zwar, dass es sich bei

Pornografie um »hate speech« handelt, schlägt aber kein Verbot vor, sondern eine Art Zurücksprechen. Wobei man sich schon fragt, wie das aussehen soll und wer die Stimmen der Zurücksprechenden hört...

»Die Pornografie ist in der Mitte der Gesellschaft angekommen.« Solche Aussagen liest und hört man immer wieder und wenige stören sich daran – höchstens ein paar verklemmte alte Pseudo-Christen – aus religiösen Gründen vorgeblich, de facto aber aus Neid. Oder? De facto gibt es eine versprengte Minderheit, die nach wie vor die Augen offen hat – im wahrsten Sinne des Wortes – und Pornos als das wahrnimmt, was sie wirklich sind, ein Schlag ins Gesicht jeder Frau – oder eher ein Cumshot? Ist den Porno-Befürwortern eigentlich bewusst, in wie vielen Kurzfilmchen den Frauen ins Gesicht gespritzt, gepisst, geschissen und geschlagen wird? Ganz zu schweigen von Misshandlungen wie Ritzen und Schneiden? Letzteres zugegeben eher in »Hardcore«-Produktionen. Eine weitere Stufe stellen die illegalen Snuff-Videos dar, in denen Frauen grausam und langsam getötet werden. Und davon profitieren dann BEIDE Geschlechter?!?

Vielmehr muss man absolut Catherine MacKinnon (geboren 1946) recht geben, die zusammen mit Andrea Dworkin geforscht und geschrieben und viele Betroffene – Pornografieopfer – interviewt hat: Pornografie ist Machtausübung von Männern über Frauen. So MacKinnon noch 1994. Die Anwältin und Juraprofessorin muss es eigentlich wissen. Sie wünscht sich ein gesetzliches Pornografieverbot, da die Bürgerrechte der Frauen verletzt werden. Dennoch – ein Jahr später äußert sich die Politologin und Literaturwissenschaftlerin Drucilla Cornell, dass man es mit einem kulturellen Phänomen zu tun habe, das man moralisch oder juristisch nicht regeln könne. Warum eigentlich nicht? 1997 liest man bei Nadine Strossen, einer US-amerikanischen Juristin, ein Verbot würde die Pornografie nur in den Untergrund treiben. Na und? Ähnlicher Fall: die Prostitutionsdebatte. In Schweden ist Prostitution verboten. Trotzdem ist nichts von überbordender Schwarz-Prostitution in diesem Land bekannt.

Wie im 1. Kapitel bereits ausgeführt, wird gerne auf die »Biologie« zurückgegriffen, um inakzeptables männliches Verhalten nicht nur zu entschuldigen, sondern zu erklären, zu legitimieren, völlig rein zu waschen. Man lese dazu ein scheinbar ganz unschuldig harmloses Blättchen: Unicum. Liegt an jeder Universität überall herum, kostet nichts, informiert Studentinnen und Studenten über alles, was sie wissen müssen. In der Ausgabe 6/2012 werden »Forscher«, die für ihr Buch *Klick!Mich!An!* recherchierten, beneidet und man liest, die beiden hätten »den vielleicht geilsten Job der Welt« (S.23). Sie schauten sich lange viele Pornos an, um herauszufinden, wieso Männer durch visuelle Reize erregt werden. Sofort wird auf die Evolution verwiesen. Ach ja, stimmt, vor Tausenden von Jahren war es ja angeblich so, dass sich das Männchen mit vielen Weibchen paaren sollte, um möglichst viele Junge zu zeugen! Das ist die einzige Theorie, die sich in den Köpfen der Frauen halten soll, damit ihnen aber auch ja nicht einfällt, Kritik am männlichen Verhalten zu üben. Ist doch alles ganz natürlich! Ist es nicht. Es ist beileibe nicht natürlich, sich von permanenter, penetranter Unterjochung von Frauen aufgeilen zu lassen. Frei zugängliche Internet-Pornos bieten alle Varianten der Demütigung. Um das »Privileg«, diese ertragen zu »dürfen«, zu erlangen, ist es notwendig, zwischen 18 und 22 Jahre alt zu sein und ein paar Euro in eine neue Brust investiert zu haben. Je nach Ursprungszustand braucht es natürlich auch eine neue Nase (allerdings – wen interessiert im Porno schon das Gesicht?), neue Schamlippen, selbstverständlich peinlichst enthaart etc.

Einer der Autoren für Klick!Mich!An! wurde immerhin gefragt, ob man nach so einer Recherche die eigene Sexualität noch genießen könne, worauf die Antwort kam, er sei nun verständnisvoller für verschiedene Bedürfnisse. Er (und der ganze Artikel) schließt mit den bezeichnenden Worten »hoffentlich bin ich nun ein einfühlsamerer Partner!«. Das meint er hoffentlich nicht ernst, der gute Mann. Angesichts der völlig realitätsfernen Darstellung von Frauen in 99 Prozent aller Pornos hat er hier zentrale Punkte seines Forschungsgegenstandes selbst überhaupt nicht verstanden. Seine Partnerin(nen) in der schnöden Wirklichkeit werden sich wahrscheinlich nicht oft so benehmen wie die Darstellerinnen der Pornos – stets verfügbar, total scharf auf

Blowjobs zu jeder Zeit, sämtliche Körperöffnungen offen und benutzbar, mit Gleitcremes oder gar branchenüblicher örtlicher Betäubung penetrierbar gemacht. Um diesen Sachverhalt mit Andrea Dworkin zusammenzufassen: Pornografie erzählt Lügen über Frauen. Jeder Jugendliche, der meint, mittels Pornos etwas über reales weibliches Sexualverhalten zu lernen, irrt sich grundlegend und fatal.

Das Objekt Frau

Andrea Dworkin   Was genau schreibt nun Andrea Dworkin, die große Vorreiterin im Kampf gegen ein Phänomen, das seit allzu langer Zeit benutzt wird, um Frauen an ihren Platz zu verweisen, sie gefügig und mundtot zu machen? Sie beginnt damit, die Leser zu sensibilisieren für das, was eigentlich gezeigt wird: kontrollierbare weibliche Objekte, die genau das tun, was das männliche Subjekt von ihnen will. Die Frauen in der Pornografie werden wie Fetische behandelt. Die »Werte« der Pornografie lassen sich Dworkin gemäß folgendermaßen darstellen: Erniedrigung von Frauen ist erregend, sie genießen es, rabiat behandelt zu werden, der dargestellte Penis ist über jedwede Kritik erhaben und – jede Frau, selbst die, die am Anfang Widerstand leistet, genießt es letztendlich, von einem Mann und (Be)Herrscher gezeigt zu bekommen, wo es lang geht. Für die Pornografie wurden im antiken Griechenland Sklavinnen benutzt, also die unterste Schicht. Auch in unserem Kulturraum stammen die ersten Aktfotos von Prostituierten. In den 1880er-Jahren erlebt die »Branche« in Deutschland einen ersten großen Aufschwung, Fetischismus und Voyeurismus boomen. Der penetrierende männliche Blick unterwirft die sichtbare Welt – und in ihr vor allem die Frauen – seiner Kontrolle, macht sie zu seinem Objekt und stilisiert sich selbst nebenbei noch zum großen Schöpfer und Künstler hinter der Kamera, mit dem Pinsel in der Hand etc. Männer zeigen, Frauen werden gezeigt. Diese Logik beeinflusst unsere Kultur auch heutzutage und könnte den Narzissmus mancher Frauen erklären, denen man erfolgreich genug vorgeführt hat, dass der Exhibitionismus die einzige Möglichkeit für Frauen sei, es zu etwas zu bringen.

Dworkin behauptet, Frauen haben den gleichen Status, Zweck und Wert wie schon vor Jahrhunderten. Das Konzept der Pornografie beeinflusst sogar unsere Rechtssprechung: Vergewaltigungsopfer müssen beweisen, dass sie wirklich gezwungen wurden. Die Logik der Pornografie hat uns schließlich gelehrt, dass es jede Frau eigentlich liebt, egal wann, wo und mit wem Sex zu haben. Wendy Stock fand heraus, dass man auch Frauen, indem man sie entsprechenden TV-Darstellungen aussetzt, dazu bringen kann, Vergewaltigungen reizvoll zu finden. Das World Watch Institute hat Gewalt gegen Frauen als häufigstes Verbrechen weltweit genannt! Wundert einen das jetzt noch? Die Vergewaltigungsopfer, die zu 30 Prozent sogar über Selbstmord nachdenken, haben teilweise für den Rest ihres Lebens mit Wertlosigkeitsgefühlen, Selbsthass und Depressionen zu kämpfen. Und all das nicht zuletzt wegen der pornografischen Vergewaltigungsdarstellungen, die auf so falsche Art und Weise ein Verbrechen glorifizieren, das nicht zu entschuldigen ist!

Verherrlichung von Gewalt an Frauen

Noch ärger als »weiße« trifft es z. B. afroamerikanische Frauen, so Dworkin, die gern in Fesseln dargestellt werden – wie einst ihre Vorfahrinnen, die Sklavinnen, die der Lust des weißen Besitzers zu Diensten sein mussten. Aber die Parallele des Sexismus zum Rassismus zeigt sich nicht nur darin, sondern auch in der Tatsache, dass Frauen in ihrer Gesamtheit behandelt werden wie eine der »typischen« Minderheiten: Sie trifft Verachtung wegen ihrer bestialischen Natur.

Frauen als Sklavinnen

Der Marquis de Sade wird von Dworkin als das entlarvt, was er war: ein Sexualterrorist und Tyrann, kein Held oder gar Märtyrer, als den ihn viele Biografen und (männliche) Literaturwissenschaftler gerne sehen wollen. Einer, der auf seinem »Recht« besteht, andere für grausame Sexualpraktiken zu benutzen, ist kein Freiheitskämpfer!

»We are free when the pornography no longer exists«[17], schreibt Andrea Dworkin und hat damit sicherlich Recht, denn solange Pornografie existiert, werden reale Frauen nach diesen Maßstäben bewertet und als die Huren gesehen, über die (filmisch) erzählt wird. Die Einschät-

---

[17]   Dworkin: *Pornography. Men possessing Women.* S. 224.

zung von Frauen ist Teil dieses Herrschaftssystems, das es Männern erlaubt, sich nach selbst gewählten Kriterien über den Frauen stehend einzustufen. Infolgedessen maßen sie es sich an, Frauen oder besser weibliche Körper zu bewerten – mit ihrem menschenverachtenden, pornografisierten Blick. Den OP-Wahn hat Dworkin en passant ebenfalls vorausgesehen, wenn sie schreibt, dass die »Schönheit«, die Eintrittskarte in die Porno-Darstellerinnen-Welt, die Verstümmelung des natürlichen weiblichen Körpers erfordert. Den operierten Leib ergänzen dann noch Make-up und unbequeme Schuhe, bevor er im heißen Licht der Kamera, hinter der ein Mann steht, in qualvollen Posen und Akten zur Geltung gebracht wird. Sogar die Lesbenpornos, scheinbares Frauenrefugium, entlarvt Dworkin als männlich inszeniert: die Kamera wird mit der männlichen Präsenz gleichgesetzt, die sich voyeuristisch von den zwei Frauen erregen lässt, so dass klar ist: obwohl kein sichtbarer Mann im Raum ist, sind die »Lesben« zu *seinem* Vergnügen aktiv. Dworkin spricht von kolonialisierten Lesben, die mit den wirklichen Lesbierinnen nichts zu tun haben, als eine Variante der zum Objekt gemachten Frauen, die nur die Allgegenwärtigkeit der männlichen Macht unterstreichen.

Pornografie und Menschenrechte

Dass Pornografie auf Dominanz und Erniedrigung beruht, betont auch die bekannte Theaterkritikerin und Frauenrechtlerin Catherine Itzin (1944–2010) im Jahr 1992. Sie weist auf einen zentralen Punkt hin: Pornografie ist, ebenso wie Prostitution, unvereinbar mit den Menschenrechten, die ja wohl auch für Frauen gelten sollten. Eine menschenverachtende Behandlung und extrem verzerrte Darstellung würde, wenn es sich um einen einzelnen verfolgten Asiaten handeln würde, Amnesty International auf den Plan rufen, da es sich aber lediglich um eine Hälfte der Gesamtbevölkerung handelt... Männliche Rechte sind eben doch wichtiger als Frauenrechte. Harte Drogen sind weniger akzeptabel als harte Pornografie in unserer Welt! Dabei sind die verheerenden Konsequenzen viel weitreichender. Pornografie trägt zu sexueller Gewalt bei, zu sexueller Diskriminierung und zur Geschlechterungleichheit. Sie sorgt dafür, dass Frauen stets unterlegen sind – wirtschaftlich, da sie weniger verdienen, sexuell wegen der Macht der Pornografie, die die Köpfe ihrer Männer und Partner beeinflusst. Sie pornografisiert *alle* Frauen in allen Lebensbereichen! Und nicht jeder Mann reagiert wie einer jener, die sich den »Men against Pornography« anschließen, nachdem er sich als Student dabei ertappt hatte, nach einem Porno zu suchen, der in einer Universitätsbibliothek spielt, nachdem er ein paar Stunden zuvor eine hübsche Kommilitonin zwischen den Regalen beobachtet hatte... Die Pornografisierung der Werbung ist ein schlagendes Beispiel für diese Tendenz, die auch die außer-pornografische Realität beeinflusst.

Die negativen Auswirkungen der Pornografie auf Frauen werden von Itzin breit ausgeführt. Die Konvention des Lächelns ist eine davon. Die optimale (Sex)Partnerin zeigt keinen Schmerz, sie macht alles mit – und lächelt. Junge Männer lernen, dass es in Ordnung ist, Frauen so zu sehen wie in der Pornografie, sie nur nach ihrem sexuellen »Wert« einzuschätzen. Junge Frauen lernen, zu kuschen und sich so herzurichten, wie die »Stars« aus den Pornos, auf die die Kerle so abfahren. Viele Männer übertragen das pornografische Skript auf ihre reale Beziehung und suchen auf ewig eine devote dumme Kuh, die alles mit sich machen lässt. Die weiblichen Pornografie-Opfer reden sich in der Regel erst einmal alles schön. Wenn sie aber den Absprung schaffen, packen sie aus. Zahlreiche Erlebnisberichte von Darstellerinnen sind, nachdem sie bezeichnenderweise oft Schwierigkeiten hatten, ihr Buch zu veröffentlichen, mittlerweile erhältlich und lassen einem die Haare zu Berge stehen. Die Linda Lovelace-Schauspielerin aus *Deep Throat* (1972) beispielsweise wurde jahrelang von ihrem eigenen Ehemann gezwungen, bei Porno-Produktionen mitzumachen, sie wurde geschlagen, misshandelt und eingesperrt, bevor ihr schließlich die Flucht gelang. Der rektale Schaden, den sie von regelmäßigen analen Vergewaltigungen davontrug, ist nur eine der rein körperlichen Folgen, von den psychischen einmal ganz abgesehen. Sie wurde von ihrem Ehemann/ Zuhälter erfolgreich »vermietet«: beispielsweise an Hugh Hefner (Herausgeber des Playboy-Magazins, geboren 1926), der sie dafür bezahlte, mit einem Hund sexuell zu verkehren. Ihrem Mann passierte nichts, im Gegenteil, er hatte immer wieder Erfolg bei der Suche nach einer neuen fügsamen jungen Frau, die er genauso behandelte wie seine erste...

Auswirkungen im Alltag

Zahlreiche Darstellerinnen, die in der Porno-Branche arbeiten, versuchen durch Drogenkonsum die körperlichen und emotionalen Schmerzen und Verletzungen zu betäuben. Nicht die Sexualität zweier gleichberechtigter Erwachsener wird dargestellt, sondern repressive, sadistische Handlungen, die Folter, Vergewaltigung und Erniedrigung verharmlosen und als Sexualität verkleiden, die die Produzenten im Gewand der Kunst oder der freien Meinungsäußerung daherkommen lassen, um weniger angreifbar zu sein. Sexueller Sadismus ist Massenentertainment. Die grundlegenden Rechte von Frauen zählen weniger als das Recht der Männer auf »Unterhaltung«! Dass Unterdrückung kulturell erotisiert wurde und als »Freiheit« verteidigt wird, dient der Unterstützung der männlichen Vorherrschaft.

Psychische und physische Auswirkungen auf Konsumenten

Die Frauen in der Pornografie sind machtlos. Es handelt sich um ein Genre von Männern für Männer (von ganz wenigen alternativen Pornos, größtenteils von Frauen produziert, mal abgesehen). Die Beliebtheit der Pornografie, so Itzin, liegt vielleicht auch darin begründet, dass sie eine simple Fluchtwelt darstellt, in der Frauen dankbar sind, willig und noch unter dem Menschen angesiedelt (vgl. Playboy-*Häschen*!). Endlich kann sich der arme Mann wieder einmal als Held fühlen, in einer Welt, wo die traditionelle Ordnung noch intakt ist! Die Abhängigkeit von Pornografie ist ebenso weit verbreitet wie verschwiegen. Immer wieder wurden Versuche durchgeführt, die ergaben, dass Porno-Konsumenten herzloser werden, weniger nett zu ihrer Partnerin und unzufriedener mit ihr sind. Außerdem tendieren sie dazu, sexuelle Übergriffe zu verharmlosen.[18] Das allein wäre doch schon Grund genug, gegen Pornografie aktiv zu werden! Wer gegen sie kämpft, verteidigt die Freiheit der Frauen und ihre grundlegenden Menschen- und Bürgerrechte. Wer hingegen für die Pornografie ist, unterstützt männliche Privilegien und sexuelle Gewalt, Diskriminierung und Ungleichheit. Ein gängiges Missverständnis ist z. B., dass man die Meinungs- und Ausdrucksfreiheit einschränken würde, wenn man gegen

---

[18] Vgl. Itzin: *Pornography. Women Violence and Civil Rights Liberties.* S. 287–291.

Pornografie argumentiert. Ihre Befürworter verteidigen aber lediglich die Freiheit des Marktes, nichts sonst. Hatten wir im 19. Jahrhundert mit dem Klischee bzw. der vorgeschriebenen Idealnorm des »angel in the house« zu ringen, trifft uns im 21. Jahrhundert der Druck des »angel in the bed«. Beunruhigend ist, dass viele Frauen diesen Zwang bereits internalisiert zu haben scheinen. Wer aber gegen Ausbeutung und Missbrauch ist, sollte Frauen als sexualisierte Objekte in den Medien nicht hinnehmen.

Bevor wir zu der neueren Pornografie-Forschung in Deutschland übergehen, verdient Diana Russells Buch *Making Violence Sexy* aus dem Jahr 1993 Beachtung. Zwanzig Jahre später scheinen wichtige Erkenntnisse, die sich darin finden, fast vergessen, was sich desaströs auf das Leben und die Beziehungen von Frauen auswirkt. Nicht nur wird ihnen mit Pornografie anerzogen, es zu »genießen«, wenn ihre KÖRPER männliches Interesse wecken, es wird ihnen vielmehr auch ein Partner zuteil werden, der den pornografisierten Blick auch auf seine Freundin anwendet und sie in körperlicher/sexueller Hinsicht als schlichte (mehr oder weniger gelungene) Ansammlung von Körperteilen sieht, mit der einhergehenden abwertenden Bezeichnung gleich mit eingeschlossen: Titten, Fotze, Arsch etc. Dieser entmenschlichende, ent-personalisierende Umgang mit Frauen ist typisch für die Pornografie, die Sexismus und Gewalt gegen Frauen bewirbt. Daraus folgt u.a. auch die irrige Annahme vieler Konsumenten, dass diverse ungewöhnliche Praktiken weiter verbreitet seien als es de facto der Fall ist. Analverkehr ist bei einigen Frauen der Realität nicht gerade beliebt und so manche, die behauptet, wenigstens »nichts dagegen« zu haben, ist bereits dem Porno-Druck er-/unterlegen: ER erwartet das einfach, die Porno-Darstellerinnen scheinen es ja auch zu mögen, wo also ist denn das Problem. Dabei wird das Selbstbewusstsein der Frauen durch die Pornografie systematisch untergraben: Diese im Vergleich mit den extrem jungen operierten Darstellerinnen sowieso meistens eher unterdurchschnittlich abschneidende Zusammenstellung von Körperteilen, das bist du. Der selbstkritische Blick auf die eigene Sexualität übernimmt die Rolle eines ziemlich sicheren Lustkillers für die Frauen. Da die Pornografie zudem die echte, authentische weibliche Sexualität

Die Frau als Ansammlung von Körperteilen

unterdrückt und ignoriert, kommen Schuld, Scham und Leid wieder zurück, die man in den 1960er- und 70er-Jahren glaubte hinter sich lassen zu können. Die sexuelle Freiheit dieser Zeit wird zu einem Imperativ, der Sex ohne Gefühle normalisiert und die Intimität bedroht.

Diana Russell Viele Interviewpartnerinnen von Diana Russell berichten ausführlich davon, welche Demütigungen sie bei der vom Partner gewünschten »Nachstellung« pornografischer Skripts aushalten mussten. Nur wenige fanden den Mut, die Beziehung zu beenden, sondern unterdrücken sogar lieber ihren Ärger über den Pornokonsum des anderen! Dass pornografische Erzählungen darauf abzielen, das männliche Ego zu stärken, wurde bereits erwähnt. Dass misogyne Einstellungen dadurch erworben und dementsprechende Handlungen gefördert werden, steht ebenfalls fest. So fand Russell heraus, dass männliche Pornonutzer stets bestrebt waren, die Bedeutung und den Einfluss herabzuspielen, den die Filme aber nachweislich auf sie und ihre Taten hatten. Man muss nicht erst an zahlreiche »berühmte« Serienmörder erinnern, die sich allesamt als regelmäßige Pornokonsumenten outeten, die sich gern mit einigen Filmchen erst einmal »vorbereiteten«, »in Stimmung brachten«.[19] Pornografiekonsumenten sind außerdem weniger gehemmt, wenn es um Übergriffe auf Frauen geht. Natürliche Schranken werden eingerissen, wobei es durchaus eine Rolle spielt, wie das Opfer im Film reagiert: wenn, was in vielen Pornos der Fall ist, die Frau letztendlich Gefallen an der Vergewaltigung findet, wiegt der Angriff in den Augen der Pornonutzer immer weniger schwer. Diese entstellte Sexualität ist an und für sich schon eine Beleidigung für JEDE Frau, daher sollte sich niemand der Problematik verschließen und eine gefährliche Vogel-Strauß-Politik betreiben. Pornografie ist keine freie Meinungsäußerung, wie es einen ihre Produzenten glauben machen wollen, es handelt sich um sexistische Propaganda, die genauso wie rassistische Propaganda bekämpft werden muss. In unserer pornografisierten Kultur dringlicher denn je, wobei dieser Kampf schon 1993 hart war, wie Russell mehrfach einfließen lässt, die als Aktivistin sogar ein paar Tage im Gefängnis verbringen musste. Sie kämpft gegen die Verdinglichung von Frauen in Filmen allgemein, Anzeigen, Liedern,

---

19   Vgl. Russell: *Making Violence Sexy*. S. 261.

Zeitschriften, Serien, Kunst usw. und beklagt sich darüber, dass sie schon oft im Namen der Anti-Zensur zensiert wurde! Zum Schweigen gebracht zu werden, wenn man als Frau eine andere Rolle als die der stummen Mittäterin in sexistischen Filmen beansprucht, ist schon ein Armutszeugnis für unsere Welt, die sich einiges darauf einbildet, Gleichberechtigung zu leben und nicht nur auf dem Papier irgendwo verankert zu haben. Nichtsdestotrotz ruft Russell mutig zu größeren Risiken auf, zu politischer Mitbestimmung, um die Welt gerechter und lebenswerter für Frauen zu gestalten. Sie selbst nutzt alle möglichen Wege, die Menschen zu erreichen: durch ihre Bücher und Artikel, durch Erziehung und Bildung, aber auch durch Graffiti, Demonstrationen und Sabotageakte (z. B. gegen das Playboy-Verlagshaus).

Reaktionen

Kaum ein Buch zum Thema Pornografie verzichtet auf die zum Teil sehr genaue Schilderung diverser Clips, die sich im Umlauf befinden. Darauf wird hier absichtlich verzichtet, im Sinne Oscar Wildes: Selbst eine negative Erwähnung ist noch eine bestimmte Form der Reklame. Lediglich drastische Einzelbeispiele werden herausgegriffen wie die weiter vorne erwähnten Misshandlungen der Darstellerinnen, die zahlreich belegt sind. Sie finden sich in Erzählungen von Ex-Darstellerinnen und anderen Veröffentlichungen, in Aussagen und Diagnosen von Ärzten, die körperliche Beschädigungen – »Arbeitsunfälle« – feststellen, und nicht zuletzt in den Filmen selbst, die zum Teil auch die krassen Demütigungen ins Bild bannen und nicht nur hinter den Kulissen verbleiben lassen. Zum Beispiel outet sich Pornoproduzent Herschel Gordon Lewis ganz offen, Verstümmelung als »Knüller« zu bringen, etwas Neueres, Schockierenderes als der langweilige alte Krempel, der nicht mehr so viel Geld einspielt.

Schon der berühmte Autor D.H. Lawrence, welcher der hohen Literatur zugeordnet wird, war der Ansicht, dass ein Hauch Verhurtheit eine Frau erst davor bewahre, ein trockener Stock zu sein... Auf dieses große Manko des Schriftstellers wird aber lediglich von wenigen femi-

nistischen Literaturwissenschaftlerinnen hingewiesen. Die große All-
gemeinheit stört sich scheinbar nicht besonders an der Einteilung der
weiblichen Bevölkerung in zwei Gruppen, die man dann wunderbar
gegeneinander ausspielen kann und zwischen denen die Männer stets
die Wahl haben. Es scheint nur zwei Möglichkeiten zu geben: entweder die Hure-Heilige-Spaltung oder das Unterstellen eines »verhurten«
Naturells für alle Frauen... Ist den männlichen Entscheidungsbefugten
bewusst, dass sie die Frauen dadurch vor eine Wahl zwischen Regen
und Traufe stellen?

Auch die Politik trug selten dazu bei, die Pornografisierung aller Frau-
en zu stoppen. Entsprechende Gesetze wurden entweder gemildert,
sodass die Produzenten zahlreiche Schlupflöcher finden, oder gar nicht
erst erlassen. Die finanzielle (Wirtschafts-)Macht der Pornobranche
ist hieran maßgeblich mitschuldig. Rechte Parteien tendierten schon
immer zur Geheimhaltung oder Spaltung in zwei gegensätzliche Frau-
engruppen. Ihre konservativen Positionen untermauerten sie oft mit
religiös-moralischen Ansätzen, Hinweisen auf die Sündhaftigkeit etc.
Für die Linken hingegen galten Frauen als kollektive, natürliche Res-
source...

»Generation Porno« Im Jahr 2010 erschienen zwei Bücher, die speziell den Umgang der
deutschen Jugendlichen mit der Pornografie thematisieren. Zum einen
Johannes Gernerts *Generation Porno*, der einleitend Bernd Siggelkow,
den Berliner Freikirchenpastor vorstellt, der die sexuelle Verrohung
junger Menschen bedauert. Darauf folgen bedenkliche Zahlen: 79%
der 14- bis 17-Jährigen und immerhin 42% der 11- bis 13-Jährigen
konsumieren Internet-Pornografie.[20] Der Autor verweist auf die Motivation mancher Jugendlicher, cool sein und virtuelle Mutproben
bestehen zu wollen. Betont locker und lässig zu sein, ist für Jungen
wie für Mädchen in diesem Zusammenhang bedeutsam. So lernen die
jungen Frauen, dass man beachtet wird, sobald man sich auszieht. Man
betrachte die Facebook-Profile vieler Mädchen und man weiß, wovon
die Rede ist... Übergriffe auf chattende Mädchen sind daher auch nicht
selten und Gernert beruft sich auf Sozialarbeiter, Richter und Pädago-

---

[20] Vgl. Gernert: *Generation Porno*. S. 33.

gen, die eine eindeutige Brutalisierung in diesem Bereich wahrnehmen. Wobei es ja nun nicht gerade neu ist, dass die Sexualisierung der Gesellschaft seit Jahrzehnten voranschreitet und die Frauen darunter zu leiden haben. Ebenfalls seit Jahrzehnten wächst Gernert zufolge die Akzeptanz gegenüber dem Porno-Pop und -Rap, wofür er zahlreiche Belege bringt. Erinnert sei repräsentativ an den Arsch-Fick-Song, den schon Grundschüler vor sich hin trällern. Die Pornografisierung macht vor keinem Medium halt. Sie ist mittlerweile ein Marketing-Mittel. Auch das Kino nähere sich der Pornoindustrie an, so Gernert. Das haben amerikanische Film- und Kulturwissenschaftlerinnen schon vor geraumer Zeit bemerkt und kritisiert, wie auch die Tatsache, dass das vorhandene, zugängliche Pornomaterial zunehmend gewalttätiger und misogyner wird, da der Wettbewerb zwischen den Anbietern wächst. Wie vor vielen Jahren Dworkin, Russell und Itzin geizt Gernert nicht mit Beispielen, die dem Leser in krass-kruder Weise vor Augen führen, woran sich eine offenbar nicht geringe Zahl (jugendlicher und älterer) Pornokonsumenten teilweise täglich aufgeilt: das Genre Gonzo wird vorgestellt, das Authentizität inszeniert: junge Frauen, die auf der Straße aufgelesen werden, um anschließend in einem Bus voller Männer Gang-bang-mäßig vergewaltigt zu werden. Oder Frauen, die man dazu zwingt, Fäkalien zu essen. Oder Frauen, die abgeduscht werden – aber nicht mit Wasser. Der Fantasie sind keine Grenzen gesetzt, für jeden Geschmack ist etwas dabei. Die körperlichen Folgen für die Darstellerinnen werden auch von Gernert genannt, sie decken sich mit denen seiner Vorgängerinnen. Er erwähnt außerdem, dass viele von ihnen nebenbei noch als Prostituierte arbeiten, da auch im Porno-Business nur ganz wenige wirklich gut verdienen. Den Großteil trifft der Niedriglohn, die ausländische Konkurrenz, die alles noch billiger macht etc. Die Verharmlosung oder das Ignorieren von OP-Risiken und -Folgen konstatiert Gernert ebenfalls.

Aber auch sein Buch bringt nicht nur traurige Fakten, sondern er verweist auf wenige Lichtblicke. Beispielsweise den Song von der Band Fettes Brot »Bettina, zieh dir bitte etwas an« oder die feministischen Sexfilme (PorYes), die Frauen nicht permanent in unterlegener Position zeigen. Eine weitere Idee sei es, mehr Cyberfahnder einzusetzen.

Im Kontext sexistischer Musik nennt Gernert die Bundesprüfstelle gegen Porno-Rap und regt dazu an, über gesetzliche Sperrverfügungen nachzudenken. Insofern stellt der Autor durchaus auch negative Konsequenzen des Pornokonsums dar, anders als die scheinbar neutral-objektive Studie, die ebenfalls 2010 erschien: *Porno im Web 2.0* von Petra Grimm, Stefanie Rhein und Michael Müller. Diese Universitäts-Studie befragt eine Vielzahl von Teenagern zu ihrem Porno-Konsum und geht m.E. mit der typischen postmodernen Anti-Kritik-Haltung an das Thema heran, was dazu führt, dass Pornografie insgesamt viel zu positiv gesehen, viel zu sehr normalisiert, als scheinbar ganz gewöhnliches Alltags-Handeln präsentiert wird. Ein Hobby unter vielen. Nach Hause kommen, Computer an, chatten, Musik hören, ein paar Pornos nebenbei oder zwischendurch... so sieht offenbar der normale Wochentag eines durchschnittlichen männlichen deutschen Schülers aus. Die Autoren stellen fest, dass Größen wie das Alter, das Umfeld, die Persönlichkeit oder das Wertesystem eines Teenagers ebenfalls von Bedeutung sind, wie viel Pornos er konsumiert, dass er sie aber konsumiert, steht außer Frage. Die »besten« verfügen über Pornokompetenz... Die Nutzung von Pornos wird als normales Ersatzhandeln bezeichnet, die auch mit »Unterhaltung«, der Clique, dem »Lernen«[21] zu tun habe. Der (Leistungs-)Druck, den die Pornografie auch auf Männer ausübt, ist den Teenagern oft nicht bewusst. Genitalrasur, Viagra usw. sind Aspekte, die männliche Jugendliche betreffen. Die meisten von ihnen konsumieren relativ unreflektiert, stellt die Studie dank zahlreicher Interviews fest: allein, dass der Blickwinkel stets der männliche ist, wird von ihnen erst erkennend bestätigt, als sie darauf hingewiesen werden. Dass eigene Erlebnisse hinter der Utopie häufig zurückbleiben, dass Individualität und Fantasie beeinträchtigt werden können, scheint manchmal am Horizont auf. Dabei hat die neurophysiologische Sexualforschung festgestellt, dass bei unter 16- oder 17-Jährigen die sexuellen Präferenzen sowie das Frauenbild durch Pornografie negativ beeinflussbar sind!

---

[21] Vgl. Grimm: *Porno im Web 2.0.* S. 81.

Frauen als »Mittäterinnen«

Viele der interviewten Mädchen zum Beispiel geben zu, nur den Jungs Einstellungen von jungen Frauen zuliebe Oralverkehr zu praktizieren. Die meisten Schülerinnen finden Pornografie nicht toll, konsumieren sie wenn überhaupt, dann in einer Gruppe oder um ebenfalls »cool« zu wirken oder aber ihrem Freund zuliebe. Die dargestellten Handlungen finden sie in der Regel unrealistisch, die »Schauspielerinnen« werden von ihnen nicht selten mit dem »Schlampen«-Verdikt belegt. Die Gruppe der weiblichen Teenager, die Pornografie total ablehnt, befürwortet auch ein generelles Porno-Verbot im Internet. Dazu sind natürlich Experten erforderlich, die Technologien entwickeln, damit das möglich und praktisch machbar wäre. Wenn es aber schon davor an der politischen Willensbildung fehlt, bleibt wieder einmal nur der mühsame Weg des Redens, der Aufklärung. Den Dialog mit den Jungen zu suchen, ist eine wichtige Aufgabe aller. Nicht nur, weil »Konservative« scheinbar die Abspaltung von Sexualität von Liebe verhindern wollen. Sondern weil die Wirkungsrisiken des Pornokonsums die Sensibilität der jungen Männer ruiniert, sie zu misogynen, aggressiven Kerlen macht, die Vergewaltigungen trivialisieren, die Rollenklischees verinnerlichen, sich der Suchtgefahr aussetzen und promiskuitives Verhalten normal finden. Die T-Shirts in die Schule anziehen, auf denen Aufdrucke wie »Porn flicks« stehen, die ihre Eltern auch noch verteidigen! Dabei dürfen unter 18-Jährige sogar rein rechtlich überhaupt nichts mit Pornografie zu schaffen haben! Geschweige denn in der Schule bei anderen Minderjährigen dafür werben! Gefragt sind wieder einmal die Mitschülerinnen, die den Trend nicht verstärken sollten, indem sie »Porn Star«-Shirts anziehen, sondern den Jungs ins Gewissen reden. Vielleicht haben ein paar von den Mädchen Angst, uncool, prüde oder altmodisch-außenseitermäßig zu erscheinen, aber sie müssen sich dringend darüber klar werden, dass sie sich nur ins eigene Fleisch schneiden, wenn sie sich selbst ins Angebot der Porno-Welt einreihen und die Verharmlosung, Verbreitung und Verherrlichung von sexualisiertem Frauenhass unterstützen! Die Menschenwürde der Frauen steht auf dem Spiel durch diese Theorie der Vergewaltigung, die alle Frauen voyeuristisch verhöhnt und sie zu Menschen zweiter Klasse erniedrigt, indem sie sie auf austauschbare, benutzbare Fleischstücke reduziert. Da hilft keine postmoderne Ironie, keine Dekonstruktion, wenn es um Bilder geht, die alle Frauen betreffen, die Sklavinnen-Propaganda betreiben, indem sie Frauen fesseln, foltern und verstümmeln. Wir haben es mit Macht und Ohnmacht zu tun, die Erotik gerade verhindert. Die Fantasie der (jungen) Männer wird verkrüppelt, was sich einige wenigstens auch eingestehen, wie beispielsweise Leo, 16, der aus Frustration, ohne Freundin zu sein, immer wieder auf Pornoseiten landet, sich danach aber noch deprimierter fühlt.[22] Auch die Antipornmen in England sind ein Beispiel, es gibt Gott sei Dank auch ein paar wenige Männer, die anfangen, ihren Pornokonsum kritisch zu überdenken (manchmal sind es auch gerade die, die Stunden ihres täglichen Lebens vor dem Computer und mit der Internet-Pornografie verbrachten, deren »echtes« Sozialleben darunter natürlich erheblich litt). Die erkennen, dass Erniedrigung und Entmenschlichung im Zentrum stehen – und das nicht nur bei Gonzo-Produktionen. Allein die Sprache, welche gewählt wird, um mit den Frauen im Porno-Streifen umzugehen, sagt alles (vorausgesetzt, es gibt verbale Äußerungen...). Man mache sich einmal die Mühe, zu zählen, wie oft Schlüsselwörter wie »Fotze«, »Hure«, »Nutte«, »Schlampe« etc. fallen. Volksverhetzung sieht man seltsamerweise nur in Bezug auf Rassismus, den sexuellen Faschismus prangert man nicht an...

Mitzumachen bedeutet für Frauen schon die (übertriebene) Genitalrasur. Individuelle Haare stören nur, so die Porno-Philosophie dahinter, die eigentlich eine politische ist. Man wird durch den »Kindermösen-Look«, wie es manche nennen, geradezu entweiblicht und enterotisiert, was vielen nicht bewusst ist. Frauen willigen in den Zwang ein, Zeit und Geld in etwas zu investieren, was sie zu gesichtslosen Objekten machen soll. Abgesehen davon, dass es unangenehm ist und niemandem etwas bringt – außer den Pornografen und den Männern, die sich deren Werte einpflanzen lassen. Mehr zu diesem Thema und einen expliziten Aufruf, dem Schamhaarterror zu trotzen, findet man bei der witzigen britischen Journalistin und Autorin Caitlin Moran (geboren 1975).

---

[22]   Vgl. D'Avenia: *Bianca come il latte Rossa come il sangue*. S. 30.

Die Kleidung vieler Schülerinnen muss man nicht extra erwähnen. Jeder, der schon einmal in irgendeiner Innenstadt im Sommer spazieren ging, weiß, dass die Fick-mich-Shorts mittlerweile so kurz sind, dass Pobacken zu sehen sind, was wiederum natürlich die Totalrasur in den Augen der Trägerinnen erfordert... Auch dass immer jüngere Mädchen à la Porno-Queen gestylt werden, ist ebenfalls weithin bekannt. Die Grundschülerinnen sind sich der Bedeutung des richtigen Make-ups schon sehr bewusst. Katie Holmes' Tochter trat bereits als 2-Jährige (!) in entsprechenden Outfits in der Öffentlichkeit auf, ein Bild, das dann doch noch ein paar Leute auf die Palme brachte – aber Vorsicht! Lieber Kinder von Schauspielerinnen pornografisieren, als als eine uncoole Spaßbremse rüberzukommen! Dass man auch der Pädophilie extrem Vorschub leistet, wenn man (kleine und kleinste) Mädchen derartig auf die Straße schickt, interessiert scheinbar nur eine Handvoll Mütter, die teilweise selbst in ähnlichen Klamotten herumlaufen... Was sollen sich diese Frauen auch denken, wenn ihnen in scheinbar seriösen Musik-Magazinen eine 23-jährige armenische Pianistin vorgestellt wird, deren Ausschnitt als interessanter präsentiert wird als ihr Können? Viele Frauen vergessen oder vernachlässigen wegen der Pornografie ihre eigenen Wünsche oder nehmen mit Unbehagen eine große Diskrepanz wahr zwischen gezeigten Handlungen und eigenen Bedürfnissen, die sich logischerweise unterscheiden von dem, was Männer für Männer produzieren. Klar, dass da die Penetration im Vordergrund steht (gern auch die doppelte, die anale, die des Rachens bis zum Würgen...), dass ganz selten etwas präsentiert wird, das den Frauen Spaß machen könnte. Die Darstellerinnen spielen hingegen, dass ihnen schmerzhafte oder zumindest einzig und allein aufs männliche Vergnügen ausgerichtete Aktionen gefallen... Und da wundert sich noch irgendjemand, dass die meisten Frauen nicht gerne Pornos schauen oder oft nur ihrem Typen zuliebe?!

Die Pornowelt wird unsere Welt

Dass die Risiken des Porno-Konsums sehr real sind, kann jeder selbst im Alltag beobachten. Dazu braucht man nicht einmal die wissen-

Wissenschaftliche Modelle und Thesen

schaftlichen Wirkungshypothesen der Studie heranzuziehen, die der Vollständigkeit halber aber kurz vorgestellt werden: so besagt die so genannte »Habitualisierungsthese« nichts anderes, als dass man sich an Dinge gewöhnt – in diesem Fall an den Pornokonsum allgemein oder natürlich auch an das Aussehen und Verhalten der Frauen in diesen Filmen. Die »sozial-kognitive Lerntheorie« wurde schon für viele Bereiche bemüht, aber auch hier passt sie wunderbar und stimmt, wie wir bei Russell u.a. gesehen haben, in den meisten Fällen: Es wird imitiert, was man im Film sieht. Dies bietet sich im Falle der Darstellung sexueller Handlungen ja geradezu an. Die dritte These ist die des »Erregungstransfers« – die Konsumenten waren schon zuvor aggressiv und sind es anschließend natürlich erst recht (wiederum lassen die von den Amerikanerinnen geschilderten Fälle befragter Sexualstraftäter grüßen, die sich regelmäßig mit Pornografie auf ihre Taten einstimmten). Die Theorie der »Exemplifikation« besagt, dass Dinge, die man häufig sieht, als normal eingestuft werden. Sieht man mit Leidenschaft Analverkehr, wird man sich in der Realität wundern, wieso die Freundin nicht sofort und ständig begeistert mitmacht – noch dazu, wie in der Pornografie üblich, ohne jegliches Vorspiel. Man erinnere sich: Weibliches Begehren, weibliche Lust existieren entweder nicht oder werden rein durch Penetration ausgelöst... Die fünfte Theorie, die des »sozialen Vergleichs«, legt dar, dass die Unzufriedenheit mit dem, was man selbst hat, geschürt wird. Unzählige Belege sind vorhanden. Immer wieder liest und hört man von bemitleidenswerten Frauen, deren Kerl eine anders ausgestattete Sexualpartnerin vorziehen würde. Medial wird diese Haltung ebenfalls gefördert. So taucht bei der unschuldigen Suche nach einem Fußballspieler eine Anzeige am Seitenrand des Bildschirms auf, die eine Barbie-ähnliche Blondine um die 20 zeigt (scheinbar/angeblich lebendig), begleitet vom aggressiv rot aufblinkenden Text: »Willst auch du endlich eine *heiße* Freundin?« Dies ist beileibe kein Einzelfall, sondern schlichter Alltag. Die letzte Theorie ist die »Kultivierungsthese«, die davon ausgeht, dass das gezeigte Weltbild übernommen wird, was uns abermals auf die gewünschten Verhaltensweisen (demütig, devot und still) und das gewünschte Aussehen (»optimierte« Figur durch Operationen, (gelb) gefärbtes Haar, Vollrasur, 10 Pfund Make-up) zurückführt.

Die Pornografisierung der Frau in der Öffentlichkeit

Die gesamte Schönheits- und Modeindustrie erzeugt ebenfalls Unzufriedenheit mit dem eigenen Körper, der das ganze Leben lang bearbeitet werden muss, damit er auch ja im heterosexuell begehrenswerten Rahmen gehalten wird. Die »echte« Frau (d.h. die, die alle Männer toll finden = höchstes Ziel im Leben einer Frau) unterliegt dem Imperativ der Selbstoptimierung und tut alles, um ständig möglichst gut auszusehen, in jeder Lebenslage. Man denke an die Hollywood-Diven, deren Make-up auch nach einer Verfolgungsjagd durch einen schlammigen Kanal noch perfekt aussieht, dies sind jetzt unsere armseligen Vorbilder. Glamouröse Stars und Models werden bewundert, nicht etwa Frauen, die in einem anderen Gebiet etwas erreicht haben. Dieser »Trend« erklärt auch die hohen Einschaltquoten bei Make-over-Sendungen, in denen *arme* Opfer (meist im wahrsten Sinne des Wortes!) erst einmal erniedrigt werden, bevor man ihnen zeigt, wie aus ihnen, den hässlichen Entlein, »schöne« Schwäne werden können. Klassenkonflikte werden dadurch noch erheblich verstärkt. Die Opfer, die sich selbst nicht als solche sehen, kommen oft aus dem »niedrigeren Bildungsniveau«, verdienen weniger und können sich eben, beispielsweise in England, keine umfassenden Zahn- und Gebisskorrekturen leisten. Gott sei Dank, man darf arme Menschen, arme *Frauen*, wieder lächerlich machen, so eine der impliziten Botschaften solcher Shows.

Was der Pornografie noch mehr Macht in unserem Alltag verleiht, ist ihr Einzug in die »normale« Massenkultur und die umfassende Normalisierung, die ihr dadurch zuteil wird. Vor allem Werbung in jedem Bereich ist von (soft-)pornografischen Inhalten und Darstellungsweisen geprägt. Veranstaltungen für die Bevölkerung funktionieren heutzutage fast nur noch auf diese Weise: kaum oder leicht bekleidete Frauen hüpfen herum (in der Regel ohne etwas zu sagen oder Wichtiges zu tun), während die Männer das Wort haben oder staatstragende Aktionen ausführen. Da muss man nicht mal in die fast schon traditionell misogyne Welt des Motorsports blicken, obwohl dort natürlich reihenweise nackte Frauen die männlichen Käufer (dass immer mehr Frauen zum Beispiel auch Motorrad fahren, wird von den Werbern

Industrie der
»Verschönerung«

Werbung

konsequent ignoriert!) anlocken und (zum Konsum?!) reizen sollen. Anschauungsmaterial liefert unter anderem der Saisonstart des Harley-Davidson-Stores in Regensburg, der sich laut Berichterstattung in den Lokalmedien einiges hat einfallen lassen: Die neuesten Bikes wurden bestaunt, Martini für alle, Live-Bodypainting etc. Verwundert es irgendjemanden, dass die zu bemalenden Personen weiblich, die den Pinsel schwingenden »Künstler« aber männlich waren? Dass das Publikum tatsächlich überwiegend männlich war, die paar Frauen darunter aber weniger als ihre Männer zu grinsen hatten? Bleiben wir beim Beispiel Regensburg. Genauso gut könnte man jede andere beliebige deutsche Stadt wählen. Discos in der Donaumetropole werben regelmäßig mit jungen Frauen auf ihren Plakaten und Flyern. So weit, so gut, soll doch das eher junge Volk der Discogänger angesprochen werden. Gehen aber so viel mehr Männer als Frauen in die Disco? Beileibe nicht, dennoch gibt es nur für die Herren was zu schauen: die fast nackt tanzende, sonnenbebrillte Frau mit entweder operierter Brust oder PC-bearbeiteten Atom-Kugeln, die auf das besondere Special des Abends bereits indirekt verweist. Explizit steht es dann noch einmal unter dem Bild: Gogo-Girls erwarten die Gäste! Der »Trend« ist in England sogar momentan noch etwas stärker ausgeprägt als bei uns. Kaum eine Disco in London, die es sich noch leisten könnte, die Besucher ohne Glamour Models (d.h. oben ohne) zu langweilen. Mehr als 50 Prozent der englischen Mädchen würden sich gerne als Glamour Model versuchen. Entindividualisierte Wettbewerbe sind an der Tagesordnung, Busenbewertungen werden überall vorgenommen. In den 1990er-Jahren waren Discos und Clubs mit derartigen »Attraktionen« noch die Ausnahme, mittlerweile schießen sie wie Pilze aus dem Boden: 2008 zählt London bereits über 300! Die eigentlich ursprünglich einmal geltenden Berührungsverbote (d.h. keiner darf die »Tänzerinnen« anfassen) werden immer weniger eingehalten und in dem Stadtteil, in dem die meisten dieser Clubs angesiedelt sind, stieg – oh Wunder – die Zahl der Vergewaltigungen rapide an. Auch in Bayern ist nebenbei bemerkt dieses Delikt fast die einzige Straftat, die eher öfter (im Gegensatz zu rückläufigen Zahlen anderer Verbrechen) als früher begangen wird. Auch die sexuellen Belästigungen von Schulkindern nehmen zu, wirken sie doch oft weniger schutzbedürftig, wenn auch sie schon in sexualisierten Outfits daherkommen.

In den Discos fühlen sich einige Mädchen aber nicht mehr so wohl – und zwar diejenigen, die sich dem fatalen Körperprojekt/Schönheitszwang entziehen (wollen). Sie erkennen, dass es nicht Aufgabe einer Frau sein kann, sich selbst zu verdinglichen, um sich in eine lebendige Puppe zu verwandeln, die Barbie zum Verwechseln ähnlich sieht. Sie lehnen es ab, entweder in Reizwäsche oder gar nicht in Erscheinung zu treten. Sie sind nicht einverstanden damit, dass sich die Wahlmöglichkeiten weiblicher Rollen derart verringern, dass die Sexualisierung die einzige »Macht« ist, die Frauen zugestanden wird. Weiblicher Erfolg, so finden sie, muss mehr sein als sexuelle Anziehungskraft durch übertriebene Weiblichkeit. Sonst ist das nämlich nichts anderes als ein Wiederaufleben des alten Sexismus im neuen Gewand, der die hypersexualisierte Kultur als weibliche Macht und Freiheit um- bzw. absichtlich miss-interpretiert, um die Frauen als willige Ausführerinnen parat zu haben, um sie zu dem zu machen, was von der amerikanischen Journalistin Ariel Levy als »weibliches Chauvinistenschwein« bezeichnet wird. Leider geht die Entwicklung unserer Gesellschaft genau in diese Richtung. Sonst wäre es nicht so, dass Frauen, die sich wenig begeistert davon zeigen, wenn ihr Partner den Busen einer anderen Frau bewertet oder an ihr in der Disco herumfingert, als prüde oder anderweitig negativ bezeichnet werden. Sonst würden mehr Leute als ein paar wenige verstehen, was sogar einige Jungs in der deutschen Porno-Studie von Grimm e.a. selbst erkannten: es ist doch eigentlich Betrug, meinten sie, wenn man sich Pornos anschaut, obwohl man eine Freundin hat. Sie verstanden, warum Frauen etwas dagegen haben könnten und äußerten sich dahingehend, dass sie keine Pornos konsumieren, wenn sie sich in einer Beziehung befinden. Immerhin!

Diskotheken

Von den 71 Prozent nackten Frauen in Musikclips oder den stark sexualisierten PC-Spielfigurinen redeten sie allerdings nicht. Die »Cyberbabes« werden hauptsächlich von Männern am Computer gestaltet, um männliche Spieler zu animieren. Dabei scheint den Machern entgangen zu sein, dass es auch Männer – und auch noch PC-Spiele

Musikvideos und PC-Spiele

nutzende Männer! – gibt, die a) nicht auf Doppel-D stehen oder b) dies zumindest nicht in jedem Computerspiel brauchen/wollen. Computer spielende Mädchen sind wie im Fall der Disco-Gogos oder Autoshows einfach außen vor, was wiederum eigentlich ein Widerspruch ist, da die neue postfeministische Frau ja vor allem als Konsumentin geschätzt wird. Eine kanadische Aktivistin, die selbst gern Computer spielt, aber andere Frauenfiguren schön fände, hat diesen Wunsch publik gemacht. Die Antwort ist ein PC-Spiel, ersonnen von ein paar männlichen Spielern, dessen Inhalt darin besteht, das Gesicht dieser Frau per Mausklick blutig zu schlagen!

Mangel an Protesten Auch Landshut, Hauptstadt Niederbayerns, präsentiert sich eher als Hauptstadt der Misogynie. Die Werbungen, die dort zahlreiche riesige Plakatwände »schmücken«, sind kaum zu übertreffen. Als erstes Beispiel ist eine Kampagne der Metzgerei Meier zu nennen, die immerhin zu Reaktionen im Leserbriefteil der Lokalpresse führte. Abgebildet war auf dem diskutierten Plakat eine gesichtslose schlanke Frauenfigur – natürlich vorschriftsmäßig rasiert und gebräunt – die nichts trug außer einer Unterhose. Selbst den Saum dieses Kleidungsstück hielt sie einladend mit einem Finger ein paar Zentimeter von ihrem Körper weg. Daneben war eine der riesigen rotbraunen Würste abgebildet, für die Meier warb. Die Mitte des Plakats zierte der Slogan: »Scharf, aber mit Geschmack!« Diese Werbung wurde von wenigen Bürgern kritisiert – und falls doch, dann aus Motiven, die eher den religiösen Überzeugungen vor allem älterer Einwohner entsprachen als einer feministischen Sichtweise... Im selben Ort bewirbt eine Waschstraße ihren Service mit einer jungen, kurvenreichen Frau, die nichts trägt außer einem nassen, durchsichtigen, kurzen Kleid. Noch dazu fährt diese »Anzeige« im Megaformat auf Schulbusse geklebt durch die Stadt. Die Reaktionen der Kinder und Jugendlichen kann man sich denken. Etwas mehr überrascht da die Aussage der Busfahrer, die, darauf angesprochen, nur meinten: »Wir haben schon nachgeschaut, die gibt's gar nicht dort! So ein Beschiss!« Dies ist im Übrigen kein schlechter Witz, sondern bittere Realität. Als der Einrichtungsmarkt Poco in Landshut seine Filiale eröffnete, grinste Daniela Katzenberger von gefühlt hundert Plakatwänden und vertrat aggressiv die neue Doktrin: Lass dich

operieren und deine Haare bleichen – wenn du dann noch dümmlich jeden Mann anlächelst, hast du gewonnen. Die Werbung klappte:
12-Jährige im Gymnasium nebenan zeigten sich begeistert und ihre
Klassenkameradinnen schauten in die Röhre. Aber die können sich
ja Gott sei Dank auch bald operieren lassen, um bei den Milchge-
sichtern ihres Jahrgangs, die übrigens vergleichsweise wenig Aufwand
treiben, um die Mädchen zu beeindrucken, Erfolg zu haben! Warum
sollten sie auch? Die Frauen tun ja auch so schon alles für sie. Die
üblichen Unterwäsche-Werbungen, die komischerweise immer nur für
Frauendessous Reklame machen, muss man gar nicht extra erwähnen.
Das Solarium der niederbayerischen Metropole wirbt mit einer – man
ahnt es schon – nackten Blondine! Public Viewing zur Fußball-EM-
Zeit? Dafür wirbt ein Flyer, der ein Mädchen im tief dekolletierten,
eng anliegenden Deutschland-Dress zeigt, die in Porno-typischer Pose
die Beine spreizt, dazwischen befindet sich genialerweise ein Fußball.
Die Liste könnte noch um unzählige Beispiele erweitert werden, aber
das Muster sollte klar geworden sein...

Bei den Großereignissen fürs ganze Volk, wie beispielsweise die Fuß-
ball-EM 2012, sind Frauen als pausenfüllende Gogos oder kreischende
Fans vertreten – sonst nicht. Aber es gibt doch auch Frauenfußball,
oder?! Wer interessiert sich dafür? Und wer hat nicht schon die Klischees und Gerüchte gehört, die Spielerinnen seien alle lesbisch (wobei
dies immer so klingt, als wäre das etwas Schlechtes...)? Damit dieses
Stereotyp entkräftet wird, hat man sie 2011 gleich mal nackt für den
Playboy fotografiert – man muss demonstrieren, Fußball spielen und
die »normale« Frauenrolle – Sexobjekt zu sein – das geht durchaus
zusammen! Zumindest bei den deutschen »Mädels«! Diese Aktion übrigens trat eine Diskussion in der ZEIT los, wobei viele Leserkom-
mentare ebenso misogyn waren wie die Aktion als solche. Die »Zeit«,
angebliches Qualitätsblatt, ist von der BILD-Zeitung in einem Punkt
nicht weit entfernt: sie schwelgen beide in den Abbildungen barbusiger
Frauen. BILD neuerdings auf Seite 3 – welch ein Fortschritt! – die
ZEIT scheinbar gekonnt in indirekter Manier: Da zeigt man nicht die
20-Jährige oben ohne als Selbstzweck, sondern sie wird eingebettet in
ein Thema, das damit gar nichts zu tun hat. Beispiel: Arabischer Früh-

Frauen in Sport und
Presseerzeugnissen

ling. Grausam geht das Militär gegen Zivilisten vor, unter anderem zu sehen in dem abgebildeten Foto: Eine junge Demonstrantin wird so brutal behandelt, dass ihr Oberteil reißt/abrutscht/... Unter diesem Deckmäntelchen voyeuristische Gelüste männlicher Leser zu befriedigen, ist in gewisser Weise noch heuchlerischer und perfider als die offenen Darstellungen der BILD-Zeitung. Dort wird wenigstens nicht so viel gelogen, sondern man steht eher dazu, wozu diese Abbildung dient. Dass das erwähnte Beispiel der ZEIT kein Zufall ist, kann jeder bestätigen, der auch einmal besagte Zeitung über Wochen und Monate regelmäßig verfolgt: Kaum eine einzige Ausgabe ohne nackte Brüste!

Andere Zeitungen stehen den beiden genannten natürlich selten in dieser Hinsicht in nichts nach. Die Mittelbayerische, die in der gesamten Oberpfalz kursiert, wählt auch für junge Leser schon entsprechend richtungsweisend ihre Inhalte aus: Fußball-Berichte für die Jungen, Miss-Wahl-Artikel für die Mädchen. Auf dass die Rollen zementiert werden! Dies trifft nicht nur die Jugendlichen. Auch bei älteren Arbeitnehmerinnen, die eine gewisse Bildung für sich beanspruchen, kann das Phänomen weiblichen Selbsthasses – und nichts anderes birgt diese Reduktion aufs Äußere – beobachtet werden.

Komplize Photoshop Eine Frauen unter Druck setzende Bilderwelt ist so allgegenwärtig in unserer Zivilisation, dass sie als normal eingestuft werden. Was nicht sein sollte. Man erinnere sich an die Diskussion um die H&M-Werbung vor einigen Jahren, die Claudia Schiffers ohnehin schon lange Model-Beine ins Unendliche strecken ließ – am PC. Dass mittlerweile fast alle Bilder auf Werbeplakaten teilweise massiv verändert/bearbeitet wurden, ist zwar theoretisch bekannt, wobei die Folgen vor allem auf Mädchen trotzdem nicht weniger desaströs sind. Oft wissen einige von ihnen nicht, dass manche ihrer Stars nur Fotos von sich zur Veröffentlichung freigeben, auf denen sie Haarteile tragen etc.

Es werden somit viele falsche, einseitige Bilder von Frauen vermittelt, die in der Realität dafür bezahlen müssen. Beispielsweise, indem sie sich einbilden, unbedingt schon mit 13 oder 14 Sex haben zu müssen.

80% derer, die das tun, bereuen es später.[23] Oft lassen sich Mädchen auch von ihren Freunden dazu überreden, doch endlich nachzuspielen, was man schon so oft in den Pornos gesehen hat. Wenn dann das weibliche Selbstbewusstsein fehlt, wird es prekär. Die Manipulation wird von vielen Frauen nicht bemerkt. Sie wirkt auf ihr Unterbewusstsein und lässt sie denken, dass wirklich sie selbst etwas wollen, was ihnen zu wollen lediglich penetrant und lange genug eingeimpft worden ist. Formbare und formwillige Frauen sind ja auch nützlich und überlebenswichtig für die Werbeindustrie. Sie sollen ihre scheinbaren, ihnen eingeredeten Mängel durch möglichst viele Konsumgüter kaschieren.

Der Schönheitsmythos – Aussehen ist alles

Kritik an der Pornografisierung ist aber nun leider total out. Kritik allgemein steht Frauen einfach nicht. Das neue weibliche Subjekt soll konsumieren und kuschen, nicht die (kritische) Stimme erheben. Erst wer konfliktscheu die Sexualisierung der Welt hinnimmt, ist eine brave Frau, die Belohnung verdient hat. Solidarität von Frauen wird dementsprechend niedrig eingestuft, Biestigkeit und Zickigkeit werden durch den Schönheitswahn, Misswahlen etc. massiv geschürt. Um Erfolg zu haben, kommt man an der Mittäterschaft nicht vorbei. Schließlich wäre es doch das Schlimmste, sich das männliche Begehren zu verscherzen. Es klang bereits an, dass manche – absichtlich oder auch nicht – die verheerenden Tendenzen, die hier geschildert werden, fälschlicherweise als Macht der Frauen interpretieren. Junge Frauen hätten es ja ach so schön in unserer Zeit. Dem widerspricht eklatant, dass die Doppelstandards nach wie vor eine große Rolle spielen. Der Schlampen-Terminus hat Hochkonjunktur, wird von beiden Geschlechtern für unterschiedlichste Frauen verwendet. Die sexuelle Doppelmoral wurde/wird also keineswegs durchbrochen. Ebenso steigt die Zahl der Frauen, die an Geschlechtskrankheiten leiden, die teilweise regelmäßig starken Alkoholmissbrauch betreiben, die Konflikte und Unsicherheiten mit sich herumschleppen in Hinblick darauf, was sie von Intimität und Sexualität erwarten sollen/können/dürfen/müssen...

---

[23] Vgl. Walter: *Living Dolls*. S. 103.

Ein Blick in ein x-beliebiges Klassenzimmer eines bayerischen Gymnasiums reicht, um zu erkennen, dass Mädchen ab spätestens 13 dem von Naomi Wolf (geboren 1962) schon 1990 so bezeichneten Schönheitsmythos zu 90 Prozent unterliegen.[24] Dieser so positiv klingende Begriff wird von der Schriftstellerin und Feministin Wolf bald als das entlarvt, was er eigentlich ist: Schönheits*terror*, der Frauen bestenfalls auslaugt, schlimmstenfalls komplett zerstört. Das Machtestablishment hat die drei K (Kinder, Küche, Kirche) der Vergangenheit durch einen subtileren Zwang ersetzt: die Eiserne Jungfrau. Jeder kennt dieses Folterinstrument, bei dem die zu quälende Person in einen eisernen aufklappbaren »Sarg« gepresst wird, der danach geschlossen und mit beispielsweise Stäben durchbohrt wird. Zu grausam? Aber auch heute werden die Frauen in solch ein Korsett gepresst, müssen täglich ihre Gesundheit riskieren, gemäß dem altbekannten Sprichwort »Wer schön sein will, muss leiden«. Der Häuslichkeitskult von früher wird durch einen Weiblichkeitswahn abgelöst, der die aufwändige »Verschönerung« über alles stellt.

Der Schönheitsmythos schreibt ihnen Verhaltensformen vor und verkürzt die lebenswerte Zeitspanne ganz erheblich – schließlich hat man als Frau ja schon ab spätestens 30 mit Problemen zu kämpfen, die sich mit jedem Jahr verschlimmern und somit in eine stetige Abwärtsspirale münden, die viele ältere Frauen in Depressionen stürzen. Neben Job und Haushalt/Familie wird der Frau nun diese dritte Schicht aufgebürdet, die sicherstellt, dass sie mit dem, was sie da alles hat, zufrieden ist und nicht rebelliert. Wer sich regelmäßig all den Verschönerungsaktionen unterzieht, die einem die Medien vorzuschreiben versuchen, der hat nicht mehr viel Zeit für wichtigere Dinge. Und genau so ist es gedacht.

Die Fixierung auf das Aussehen begann bereits in den 1980er-Jahren als Reaktion beziehungsweise als Gegenschlag gegen das Vordringen des eigentlichen Feminismus. Mächtige Männer diktieren die Standards, nach denen eine Frau als schön zu bewerten ist. Ohne Jugend und Schönheit wird die Frau unsichtbar. Man denke an die täglich

---

[24]   Vgl. Wolf: *The Beauty Myth*. S. 13 ff.

im Fernsehen zu beobachtenden Doppelstandards: alte männliche Moderatoren mit Falten, Brille und grauen oder gar keinen Haaren versus blondierte, junge, aufgemotzte Moderatorinnen. Der Schönheitsmythos nimmt den Frauen viele Möglichkeiten. Das Resultat ist ein deutliches Minus an Kontrolle für sich selbst und ihre Körper. Bezeichnenderweise verdienen Models und Prostituierte oft mehr als Männer, was man sonst von wenigen Frauenberufen behaupten kann. In Shows wie *Germany's Next Top Model* werden die Rituale dann eingeübt, die man beherrschen muss: sich unterwerfen, gehorchen, sich ausbeuten und herumkommandieren lassen, hypersexualisierte Fantasien bedienen, ultra-rückwärtsgewandte Weiblichkeitsbilder unterstützen, das Gegenteil von Selbstbestimmung zelebrieren. Frauen lernen in derartigen Shows überdies, sich und andere nur nach dem Äußeren zu bewerten. Wer nicht knuffig genug aussieht, kann nach Hause gehen – im wahrsten Sinne des Wortes! Sexy wollen sie sein, die meisten Teenagermädchen, verkennen aber dabei, dass fast nie sie selbst das Subjekt sind, sondern dass sie nur mehr oder minder »erfolgreiche« Objekte verkörpern. Wie schmeichelhaft es ist, wenn einen zum Lohn für zwei Stunden Schminken, Frisieren etc. ein betagter, bierbäuchiger Lüstling im Bus anglotzt, bleibt offen...

Man könnte noch einen Schritt weiter gehen: Ziel ist es, alle Frauen davon zu überzeugen, dass es nichts Wichtigeres in ihrem Leben gibt, als schön zu sein! Bei erschreckend vielen hat diese Propaganda bereits gewirkt. Die Wer-will-der-kann-Masche der Frauenzeitschriften – von *Cosmopolitan* über *Myself* bis zu *Enjoy* – tut ein Übriges.

»Ob im Bikini oder im Sommerkleid – so zieht das Dekolleté alle Blicke auf sich. Die besten Tipps für einen sexy Ausschnitt. Krafttraining ist für ein sexy Dekolleté essentiell. Um den Brustansatz voller wirken zu lassen, die obere Brustmuskulatur mit Liegestützen trainieren! Produkte mit Retinol, wie zum Beispiel »Suractif Non-Stop Lifting Advanced Neck & Decolleté Cream« von Lancaster, verhindern den Kollagenabbau.« (Cosmopolitan online, Beauty, *Wie kann ich mein Dekolletee perfekt zur Geltung bringen?*) Hier wird wie in so vielen anderen »Beauty«-Ratgeber-Seiten von Frauenzeitschriften unterstellt, dass ein »sexy Dekolleté« unabdingbar ist für Erfolg und Glück, dass jede Frau *natürlich* ein Interesse daran hat, ein möglichst reizvolles Objekt zu sein – oder zu werden, denn viel muss man dafür tun! Sport allein reicht nicht, man muss selbstverständlich auch bereit sein, tief in die Tasche zu greifen für entsprechende Kosmetika, deren Werbung die Haupteinnahmequelle der Zeitschriften ist!

Dies beginnt schon bei den Jugendzeitschriften, die vor allem von Mädchen konsumiert werden. Äußere Attribute und Sex sind in diesen Magazinen alles. *Cosmopolitan* beispielsweise bringt gerne scheinbar hilfreiche Tipps für Frauen – beispielsweise, wie man »fachgerecht« strippt. Wie man »richtig« bläst. Und so weiter. Man könnte auch sagen – wie man sich zu einer perfekten beherrsch- und abstellbaren Pornopuppe erniedrigt. Ein weiteres krasses Beispiel zu exakt diesem Thema ist ein Artikel über Asiatinnen und ihre »Liebestechniken«. Das Problem seien die mangelnden Kenntnisse der deutschen Frauen! Kein Wunder, dass Männer da gerne nach Thailand fahren! Das Ideal der Pornowelt ist so offensichtlich, dass es absolut verwunderlich ist, dass bislang so wenige Frauen erkannt haben, dass aus der Selbstbefreiung die Selbstverleugnung geworden ist. Alles wird zu Problemen der Frauen umgedichtet, damit der Status quo erhalten bleibt. Die formbare Frau hat sich anzupassen, hat die echte Emanzipation zu vergessen, sagen diese Zeitschriften, dann gibt es keine Probleme! Die frauenfeindlichen Grundwerte der Magazine werden verschleiert und wieder einmal als Pseudo-Feminismus verkauft. Emanzipation ja – aber vor allem im Bett, etwas mehr Experimentierfreude stünde den deutschen Frauen schon an, die Konkurrenz ist ja wirklich riesig. Allzeit bereit, hübsch anzusehen und devot seinen Wünschen gefügig – so wünschen sich die Zeitschriften »tolle« junge Frauen, denen zur Belohnung die Männer zu Füßen liegen. Auch wenn es um berufliche Ziele geht, wird eher suggeriert, dass man als Frau halt einfach 150 Prozent geben müsse. Dies wird als nicht zu ändernder, Gott gegebener Sachverhalt hingestellt! Die Männermagazine übrigens setzen natürlich noch eins drauf, indem sie chauvinistischen Unsinn aus »Frauenmund« präsentieren:

»[...] Ich habe nicht mal ansatzweise Ahnung, wie ich anfangen soll. Das bemerkt wohl auch der Typ, der inzwischen aussieht wie irgendein Hollywoodstar und noch deutlicher wie Herr Müller, unser alter Schulhausmeister. Da ich sowieso nur einen Bademantel trage, hat er es nicht schwer. Er zieht mit Schwung mein Höschen herunter und steckt seinen Schwanz in mich. Ich erwache mit einem Schrei und einem Orgasmus.« (GQ online, »Erotik-Traum« von »Paula Lambert«). Die Botschaft ist klar – auch wenn man wie ein Hausmeister aussieht (oder einer ist), kann man leicht bekleidete junge ahnungslose Frauen mit einer schlichten Penetration ungeheuer glücklich machen!

Das gefügige Verhalten beginnen die jungen Frauen schon früher zu lernen, in ihrer Kindheit, in ihren rosaroten Folterkammern, auch bekannt als Kinder- oder Kleinmädchenzimmer, in denen sie es genießen (sollen), für ihre Puppen und Tierchen zu kochen oder ihre Ponies zu kämmen. Ziel ist es, die Mädchen zu kleinen – und später ausgewachsenen – Püppchen zu machen, die schön fügsam und brav sind und alles tun, was die Männer von ihnen verlangen. Wer die weibliche bzw. – wie manche AutorInnen in diesem Fall auch sagen – die Weibchen-Rolle annimmt, der wird schon im zarten Grundschulalter belohnt. Noch vor wenigen Dekaden wäre es undenkbar gewesen, Klischees wie Farbpräferenzen dermaßen auszuwalzen und zu bewerben. Aber auch die gesamte Spielzeugindustrie hat eine Rolle rückwärts gemacht und beteiligt sich daran, aus Jungen kleine Krieger und aus Mädchen Mini-Prinzessinnen zu schmieden. Das Motto für beide Geschlechter ein paar Jahre danach wird lauten: »Manni legt seinen Manta tiefer, Mandy schnallt sich die Titten hoch.«[25] Der Körper als Maschine fungiert hier wieder einmal in menschenverachtender Weise. Immer wieder sind weibliche »Phänomene« zu beobachten, die nur anders heißen, aber allesamt Vertreterinnen derselben Fleisch verarbeitenden Industrie sind, egal, ob sie jetzt Verona Feldbusch oder Daniela Katzenberger heißen. Es sieht so aus, als wären die Wahlmöglichkeiten für Frauen sehr eingeschränkt: das Luder/Schlampen-Modell, der Typ der ungeschickten, rührenden Bridget Jones, die Kümmerin, die Mann und Kinder bemuttert oder das Lifestyle-Opfer à la Latte-Macchiato-Mut-

»Mädchenspiele« und -zimmer

---

[25] Kullmann: *Generation Ally*. S. 207.

ter, die in Caféhäusern herumsitzt und wartet, bis ihr gut verdienender Mann wieder nach Hause kommt.

Aussehen
am Arbeitsplatz

Am Arbeitsplatz kann man es fast nur falsch machen: Kleidet man sich businesslike, wird einem Unnahbarkeit und Kälte nachgesagt, kommt man feminin(er) daher, wird einem unterstellt, man wolle mit dem Boss flirten. Manche Frauen sind sogar mit den Pin-ups männlicher Kollegen konfrontiert, was eine unheimlich angenehme Arbeitsatmosphäre schafft... Das Ziel wird erreicht, die Frauen werden in Schach gehalten, es wird ihnen gezeigt, was sie sind/sein sollen. Dass dies nicht nur auf Bauarbeiter und ähnliche Branchen zutrifft, wie schichtspezifische Klischees andeuten, belegt die Äußerung eines Profi-Musikers auf Bayern 4 Klassik, der sich betont cool und jugendlich geben wollte und daher ausführlich vom Pin-up in seinem Cello-Kasten erzählte.

Für Schönheit
bezahlen

Zu der psychischen kommt die materielle Belastung. Wer schon einmal die Markenpuder in einem Drogeriemarkt (Shiseido: 50 Euro) durchstöbert hat, weiß, wovon die Rede ist. Stattdessen das Billigprodukt benutzen? Super Idee, die Hautverträglichkeit ist garantiert! Den Frauen wird ständig suggeriert, jung und hübsch sein reiche schon. Sie seien dazu da, angeschaut zu werden. Überflüssig zu erwähnen, dass der Schönheitsmythos die Frauen voneinander zunehmend isoliert, nicht nur die einzelnen jeweiligen Generationen. Eine Art biologisches Kastensystem wird geschaffen. Die Kosmetikindustrie gibt am meisten für Werbung aus und siehe da, es fruchtet! Gerade Hautcremes werden geschickt und doch aggressiv vermarktet, damit Frauen früh anfangen, das Alter zu hassen und auf die Produkte das zu projizieren, was ihnen eigentlich zwischenmenschliche Beziehungen geben sollten. Schlagworte wie »korrektiv« und »präventiv« stammen zwar aus der Reklame für Anti-Aging-Cremes, klingen aber eher nach Strafvollzugsanstalten. Um zwischendurch mal wieder darauf hinzuweisen, dass das Ausbrechen aus dieser Art Frauengefängnis möglich ist, sollte erwähnt werden, dass man Dinge auch de-programmieren kann, sobald man erkannt hat, dass viel von außen induziert wird und gar nicht den echten eigenen Wünschen entspricht. Man denke an die Frauen, die von teilweise katastrophal endenden Fernreisen zurückkommen (»Traumbusen für nur 2000 Euro!«), die sich mittels einer OP zu kaufen versuchten, was man nicht kaufen kann, was man aber ohne Gesundheitsgefahr erringen kann: Erfolg, Ansehen, einen neuen Partner...

Es ist bezeichnend, dass nur ein verschwindend geringer Anteil der Männer zu so drastischen, risikoreichen Aktionen, wie sich operieren zu lassen, überhaupt theoretisch bereit wäre! Männer nehmen ihren eigenen Körper im Durchschnitt viel weniger negativ wahr als Frauen. Jeder kennt alte Glatzköpfe mit Bierbauch, die es sich anmaßen, eine schlanke, gepflegte, blondierte Frau anzusprechen. Warum auch nicht? Steht ihnen doch zu, oder!? Welch ein Glück, dass Männer nicht dekorativ sein müssen. Aber Vorsicht, der Adonis-Komplex ist auf dem Vormarsch... Sehgewohnheiten *können* sich ändern! Wenn man den Gipfelpunkt des männlichen Marktwerts in jüngeren Jahren ansiedeln würde als momentan üblich, würde der scheinbar ach so distinguierte Herr mit den interessanten melierten Haaren bald verbraucht und unschön wirken. Ein Verdikt, das (noch) nur Frauen trifft. Die Autoritäten, die das weibliche Aussehen bewerten und (um)gestalten, sind zumeist männlich. Chirurgen, Fotografen, Juroren sind die Persönlichkeiten, die bei manchen Frauen religiöse Bedürfnisse zu stillen scheinen; sie bringen ihnen frohe Botschaften und verkünden ihnen das Evangelium: »Auch DU kannst schön sein!«

Stichwort Alter

Der Fachterminus für den noch erhöhten Terror, dem alte oder ältere oder auch nur alt werdende Frauen ausgesetzt sind, lautet »Ageismus«. Klar, dass 60-jährige Kanzler, Chefs, Stars und so weiter ihm nicht unterliegen, sie sind anders als die Frauen keine defizitären, asexuellen Wesen. Sie werden Vater und keiner lacht! (Vergleiche Nicolas Sarkozy – der ehemalige Staatschef Frankreichs mit seinem jungen Model). Das Defizit-Modell des Alterns wird in erster Linie auf die Frauen angewandt, weil man sich biologistischer Deutungsmuster bedient, um den Status quo zu halten. Kaum ist eine Frau nicht mehr fruchtbar, ist sie alt. Fertilität und Generativität, also Empfängnisbereitschaft, bestimmen nach männlicher Definition auch noch den *sozialen* Lebenszyklus der Frau! Es gibt zahlreiche Be- und Entwertungen von Frauen, die die Jugend hinter sich gelassen haben. Fast alle sind sie diskriminierend und laufen darauf hinaus, dass alte Frauen ausgeschlossen und unsichtbar gemacht werden.

So sind sie im Fernsehen deutlich unterrepräsentiert und falls sie doch einmal auftauchen, auf wenige reizlose Rollen festgelegt – ganz wie im realen Leben! Das liegt vermutlich auch daran, dass die Spitzenpositionen der Landesmedienanstalten nach wie vor fest in männlicher Hand sind. Alle Bereiche des täglichen Lebens sind voller versteckter und oder offener Altersklischees, Diskriminierungen und Stereotypen, die den aktuellen Zustand zementieren. Man denke nur an die Postkarte, auf der ein Altkleidercontainer abgebildet ist, dessen Schriftzug zu »Alt*weiber*container« verändert wurde, der am deutlichsten den Seniorinnen zeigt, was ein großer Teil der Gesellschaft von ihnen hält. Diese Postkarte steckt in einem ganz gewöhnlichen Drehständer einer Buchhandlung, die selbigen im Sommer nach draußen schiebt, damit möglichst viele Passanten zum Innehalten eingeladen werden... Werbung für Misogynie! Derselbe Ständer enthält das (bearbeitete) Foto einer jungen Frau mit »guter« Figur, die natürlich in Unterwäsche abgebildet ist und ein Bügeleisen in der Hand hält. Darunter steht: »Glückwunsch, Liebling! Du hast dich gut gehalten!« Von noch platteren Postkarten ganz zu schweigen, die Bikini-Frauen pornografisch in Szene setzen, um »schöne Strandaussichten« zu vermitteln...

Ob in der Jugend oder im Alter – Frauen werden tagtäglich auf ihren Körper reduziert. Die Normen, denen sie unterworfen werden, sichern die Wertehierarchie und sorgen dafür, dass die momentane Machtkonstellation so bleibt, wie sie ist. Frauen werden in Betrieben – meistens nicht mehr offen, sondern insgeheim – als Risiken gesehen, da sie ja diesen defizitären Körper besitzen, der ständig Probleme macht: Menstruation, Schwangerschaft, Klimakterium (»Wechsel«) – alles Phasen, in denen die Betroffenen scheinbar noch reizbarer sind als ohnehin schon... Der Maßstab ist eben einfach der junge, gesunde Mann. Dabei ist es nur ein Vorurteil, dass ältere Frauen häufiger krank sind.[26] Aber die herrschenden Gruppen bestimmen die Normen und so wird eine Mischung aus Erfahrungen, Annahmen, Klischees, Stereotypen und vermeintlichem Wissen zur großen Falle, in die jede ältere Frau nicht nur tappt, sondern mit aller Wucht gestoßen wird.

Die Medizin ist nicht unbeteiligt an der Festschreibung weiblicher Altersklischees. Biologisch wird da fundiert, was größtenteils ein sozial gemachtes Problem ist. Gesellschaftliche Benachteiligungen werden feminisiert, um sie leichter herabzuspielen. Die Frauen stellen gerade für die Gynäkologen natürlich eine wunderbare Einnahmequelle dar. Da werden Lehrbücher verfasst, Hormonforschung betrieben, Gewinne für die Pharmaindustrie gemacht und nicht zuletzt ein profitabler Mythos kreiert. Allein die Angstmache vor Krebs und Osteoporose ist nicht zu unterschätzen. Ein ganz normales Phänomen wird als Makel hingestellt – die etwas geringere Leistungsfähigkeit im (hohen) Alter, der Verlust an Anziehungskraft. Dem sollen die Frauen doch bitteschön durch gefährliche Langzeit-Hormontherapien entgegenwirken! Zuerst nimmt man die Pille, danach andere Hormone, die die offensichtliche Alterung verzögern oder zumindest kaschieren sollen. Dass Hormonkonsumentinnen SECHS Mal häufiger Krebs bekommen als die übrigen Frauen, wird gerne unter den Teppich gekehrt.

Zu dieser Ideologie passt auch, dass für Männer negative Ergebnisse der Forschung oft nicht veröffentlicht werden, um den Mythos am Leben zu halten, dass Männer später oder besser altern. Dabei »leiden« auch sie ab dem 5. Lebensjahrzehnt an einem Hormonabfall, die Androgenproduktion sinkt. Die Krisenzeit ist bei beiden Geschlechtern durchaus ähnlich. Jeder weiß an und für sich, dass der Höhepunkt der männlichen sexuellen Leistungsfähigkeit und Fruchtbarkeit bei 18 Jahren liegt. Trotzdem unterstellt man ihnen eine unendliche Fruchtbarkeit. Bei denen, die 70 Jahre und älter sind, ist die Impotenzrate weit über 50 Prozent. Ein wichtiger Punkt ist auch die Tatsache, dass Frauen im Alter zunehmend vereinsamen. Über 39 Prozent der über 60-Jährigen wohnen alleine, hingegen sind es nur 17 Prozent der

---

[26] Vgl. Orlowsky: *Zur Konjunktur weiblicher Rollen- und Altersklischees.* S. 338.

Männer. Das hat nicht nur damit zu tun, dass Frauen die paar tollen Jährchen länger leben, die ihnen viele Männer nicht gönnen, sondern vielmehr damit, dass nicht wenige Herren ihre altgediente Gattin verlassen – entweder zu Gunsten einer jüngeren Frau oder um »sich selbst zu verwirklichen« etc. Ist sexuell nicht mehr viel mit ihr anzufangen, wird sie entsorgt – der ganz reale Altweibercontainer ist wieder da. Man wundert sich schon, was junge Frauen dazu treibt, ihre Jugend an einen (deutlich) älteren Mann zu verschwenden oder gar zu verkaufen. Dass dies in der Regel ihrer Alterseinsamkeit noch weiteren Vorschub leistet, scheinen diese Frauen ebenso wenig zu bedenken wie andere Negativaspekte. Dass Frauen und Männer mit unterschiedlichem Maß gemessen werden, muss man auch in diesem Lebensbereich feststellen.

Nichts ist positiv an der Pornografie

Pornografisierung des Mainstream-Kinos

Der Ärger des Establishments über wenige Frauen, die plötzlich in Machtpositionen gelangten, ist auch ablesbar an der Welle gewalttätiger Darstellungen, die nicht nur Modefotos kennzeichneten, sondern auch einen (schon angedeuteten) Gewaltschub in der Pornografie markierten. Sexuelle Entfremdung und Gewalt sind für moderne Filme nicht untypisch, auch wenn sie nicht als Pornografie gelten, sondern im »normalen« Kino gezeigt werden. Bestenfalls werden die Frauen fetischisiert, die einzelnen Körperteile sind wichtiger als das Ganze. Der Schönheitsmythos ist schuld, sagt Naomi Wolf. Männer werden durch den stetigen Anblick austauschbarer, gesichtsloser Konsumgüter (= Frauen) auf eine bestimmte Art Körper trainiert, geeicht und lernen so, ihn »schön« zu finden und ihm wie einer Fata Morgana ein Leben lang hinterher zu jagen. Wie entmenschlichend und unmenschlich Sexualität dargestellt wird, fällt vielen gar nicht mehr auf. Gerade junge Leute kennen es zum Teil gar nicht anders. Die männliche und weibliche Nacktheit unterliegt ebenso einer kaum anders zu erwartenden Doppelmoral, muss doch das männliche Selbstbewusstsein geschützt, das der Frau aber systematisch untergraben werden! Wie auf Tabletts präsentiert werden also nackte junge Frauenkörper, der nackte Männerkörper wird nicht den Blicken preisgegeben, wird vor jeder möglichen Kritik und Entwürdigung bewahrt.

Frederick Sandys: Maria Magdalena, um 1860

3. Prostitution

Physische und psychische Auswirkungen der Prostitution

Studentenparty in der Weißenburgerstraße, Regensburg. Drei junge Frauen stehen rauchend auf dem Balkon, als eine plötzlich sagt: »Da muss man nett sein zu seinem Freund!« und auf das Haus nebenan zeigt: das Palais d'Amour, eins der großen bekannten Bordelle der Stadt. Mit diesem simplen Satz weist Kerstin sofort auf das zentrale Problem hin, das in den meisten Büchern zum Thema Prostitution vernachlässigt oder gar komplett ignoriert wird: die Auswirkungen auf Frauen, die nicht in dieser Branche tätig sind und die eine Beziehung führen möchten, in der nicht eine Seite automatisch unter Druck steht, weil das Bordell daneben parat ist, wenn man als Frau einen Abend nicht in Stimmung ist. Oder es sonst gerade nicht so gut läuft. Oder man gerade keine Lust hat auf Analsex.

Diese Gründe sind leider nicht frei erfunden. Einige der von Sabine Grenz interviewten Freier äußerten sich in dieser Richtung, als sie nach ihrer Motivation, die Dienstleistungen von Prostituierten in Anspruch zu nehmen, gefragt wurden.[27] Dieses Buch ist wie die meisten anderen zu demselben Thema erstaunlich zurückhaltend. Es ist einfach nicht mehr chic, zu verurteilen, man gibt sich offen und tolerant. Es darf auch nicht mehr kritisiert werden, nur ganz selten scheint am Horizont ein Funken Kritik auf, der aber zumeist schnell wieder relativiert

---

[27] Vgl. Grenz: *(Un)heimliche Lust. Über den Konsum sexueller Dienstleistungen.*

wird. Schade! Obwohl die Autorin Prostitution als offensten Ausdruck des Objektstatus der Frau sieht und als eines der Symptome des Sexismus in unserer Gesellschaft bezeichnet. Es wird erkannt, dass der Prostitution ökonomische Ungleichheiten zu Grunde liegen – solange Frauen im Schnitt deutlich weniger verdienen als Männer, liegt es für manche nahe, scheinbar mühelos viel Geld einzunehmen, indem sie sich prostituieren. In dem Alter, in dem man in dieser Branche besonders gefragt ist, also zwischen 18 und 29, unterschätzt man die »Nebenwirkungen« auf einen selbst noch leichter: die psychische Belastung wird ignoriert oder relativiert, indem man sich das schnelle Geld vor Augen hält, gesundheitliche Risiken minimiert man durch Kondombenutzung. Ob nach jahrelangem regelmäßigen Analverkehr der Schließmuskel nicht mehr funktioniert, scheint in dem Moment keine wirklich konkrete ernsthafte Bedrohung zu sein. Dabei gibt es genügend Bücher, die anders als die leider in Mode gekommenen »Erfahrungsberichte« oder »Tagebücher« oder »ehrliche Autobiografien« von Prostituierten die tatsächlichen Schattenseiten dieser »Arbeit« wiedergeben. Dasselbe gilt für die Aussteigerinnen aus der Porno-Branche. Der Übergang ist ja hier manchmal fließend. Viele Internet-Blogs oder Artikel zu den verheerenden Spätfolgen der Tätigkeit in diesem Bereich sind ebenfalls leicht auffindbar, wenn es einen denn interessieren würde... Mädchen und Frauen, die vorhaben, in dieser Branche einzusteigen, sollten als Pflichtlektüre den Bericht über eine verarmte, ältere Prostituierte lesen, deren Rücken, Knie und Schließmuskel schwer und dauerhaft geschädigt sind, was ihr abgesehen von den psychischen Problemen, wie Depressionen, ein normales Leben nicht mehr erlaubt.

Der Wandel innerhalb der Szene Die US-amerikanische Feministin, Schriftstellerin und Bildhauerin Kate Millett (geboren 1934) verfasste schon in den 1970er-Jahren ein Buch mit dem Titel *Prostitution*, in dem vier Betroffene zu Wort kommen (nach einem kurzen Vorwort der Autorin), die unter anderem »vernachlässigbare« Details schildern, wie das demütigende Warten, bis man ausgesucht wird, wobei die »Kunden« einen begutachten, wie Fleisch auf der Schlachtbank. Männliche Protektion sei außerdem absolut nötig, und das schon im San Francisco der 70er! Alle erzählten Punkte haben sich seither eher verschlimmert. So berichtet eine Prostituierte aus London, dass Dinge, die vor fünf Jahren noch als extrem galten (und so immerhin Extra-Geld brachten), heute im absolut Normalen gesehen werden. Die Folgen und Auswirkungen für die Prostituierten kann man sich ausmalen… Ein Hauptschuldiger ist hier natürlich die (harte) Pornografie, bei der sich die »Kunden« ihre Anregungen holen, die sie mit den Prostituierten nachstellen wollen, da die eigentliche Partnerin selten in der Stimmung oder teilweise auch nicht in der Lage ist (schier akrobatische Leistungen, die klischeehafterweise meistens von Thai-Darstellerinnen vor der Kamera vollführt werden).

Was den Frauen, die in dieser Branche arbeiten, auf lange Sicht hin passiert, ist ihren »Kunden« egal, was allein schon viel darüber aussagt, was für ein Bild sie von ihnen haben. Wiederum die Parallele zur Pornografie: Eine Frau ist keine Persönlichkeit, ist kein Mensch, sondern lediglich ein Gebrauchsgegenstand, die Summe aus Arsch, Beinen etc. »Kunden« der Prostituierten reden sich ihr Gewissen rein, indem sie den »Job« gern als einen ganz gewöhnlichen hinstellen. Nichtsdestotrotz gaben drei Viertel von ihnen zu, die gekauften Frauen für minderwertig und schmutzig zu halten![28] Zwei Drittel aller Londoner Prostituierten wurden schon mindestens einmal Opfer eines gewaltsamen Überfalls, ihre Sterblichkeitsrate ist sechsmal so hoch wie die anderer Frauen und 84 % von ihnen brauchen das Geld für Drogen. Das psychische Trauma, das am Beginn dieses Teufelskreislaufs steht, ist verständlich und bekannt. Es wird aber von den Nutzern dieser Fließbandarbeit für die bequeme männliche Sexualität glatt ignoriert, weil sie die Frauen eben nicht als gleichwertige Personen sehen. Dies ist auch bedingt durch die Normalisierung der Pornografie, den regelrechten Hype um die kommerzialisierte Sexualität. Dass fast keine so ungeschoren davon kommt, wie die berühmt-berüchtigte Domenica kann man unter anderem in Interviews mit ihr nachlesen. So schildert sie das trostlose, harte Dasein, das die meisten ihrer Kolleginnen fristen und das sie unweigerlich aufs Sozialamt führt, sobald sie ein bestimmtes Alter erreicht haben. Sex sells – aber nicht mehr im Alter. 9 von 10 Prostituierten wollen denn auch aussteigen, sind aber in den Strukturen gefangen oder in ihrer Sucht, die viele fest im Griff

Frauen als Gebrauchsgegenstände

---

[28] Vgl. Walter: *Living Dolls*, S. 75.

hat. Wenn diesen Frauen niemand hilft, schaffen sie im seltensten Fall den Absprung. Die Witzfigur der alten, kranken, einsamen Hure ist ein Schreckbild, um dessen Abschaffung sich die gesamte Gesellschaft kümmern muss. Jungen Frauen sollte bewusst gemacht werden, dass Prostitution entgegen der Meinung mancher Grünen-Politiker eben kein normaler Beruf ist, sondern ein Schicksal, das Körper und Seele zerstört – und wenn es »nur« in 9 von 10 Fällen so ist. Man muss nicht gut rechnen können, um sich seine eigenen Wahrscheinlichkeiten und Chancen auszumalen. Frauen sind nicht das käufliche Geschlecht!

Diese Einstellung haben aber manche Männer sogar gegenüber Frauen, die nicht im Bereich Erotik tätig sind, wie eine Vielzahl von so genannten Witzen belegt, die nicht immer Blondinen als Zielscheibe des Spottes benutzen, sondern die holde Weiblichkeit insgesamt. Als Beispiel reicht der ach so witzige Scherz, in dem die Pointe lautet, dass eine 1-Meter-Frau mit rechteckigem Kopf so optimal sei, weil man sich nicht nur bequem einen blasen lassen, sondern auch noch das Bier darauf abstellen könne.

Angesichts dieses Frauenbilds, das vielleicht auch ohne die große Rolle, die Pornografie und Prostitution in unserer Gesellschaft leider immer noch spielen, in manchen Köpfen vorherrscht, ist es kein Wunder, dass mehr Frauen als Männer auf Psychopharmaka zurückgreifen.[29] Alle direkten und indirekten Opfer der Systeme, die Frauenkörper ausbeuten, sind prädestiniert dafür. Dies erinnert an die Debatte über weibliche Hysterie im 19. Jahrhundert. Frauen sollten von ihrer »Hysterie« (Freud) geheilt werden oder zumindest sollen deren Folgen unterdrückt werden, weswegen man sie unter Betäubung stellt, damit sie »keinen Schaden anrichten können«. Sie wurden als unzurechnungsfähig klassifiziert und dadurch, zusammen mit den Betäubungsmitteln, medizinisch in Schach gehalten. Damit der aktuelle Zustand gerade in puncto Macht und Hierarchie gewahrt werden kann. Damals wie heute sind mehr Männer in der Psychiatrie tätig und verschreiben Frauen teilweise sehr leichtfertig Medikamente. Sie sollen diese ruhigstellen, obwohl gravierende Nebenwirkungen praktisch allen Psychopharmaka

---

[29] Vgl. Bericht der Krankenkassen (Barmer e.a.), Juni 2012.

eigen sind (jeder sollte sich einmal die Mühe machen, einen Beipackzettel zu lesen. Die harmlosesten Begleiterscheinungen dieser Präparate
sind noch starke Hautausschläge, enorme Gewichtszunahme und Li-
bidoverlust!).

Prostitution in Politik und Gesellschaft

Die Prostitution ist eine Folge der sexuellen Doppelmoral, die Männern mehr Freiheiten zugesteht. Im Deutschland des 21. Jahrhunderts
ist dies nichts anderes als ein zum Himmel schreiender Skandal. Leider
verhallen diese Schreie meist ungehört, anders als in Schweden, wo
Freier bestraft werden. Diese Regelung brauchen wir auch in unserem
Land und es wäre höchste Zeit, dass sich die Politik dieser Problematik annimmt. Prostituierte mit einer Krankenversicherung auszustat-
ten, ist sicher nicht die Lösung des Problems. Prostitution verstärkt
absolut überholte Rollenbilder und hat somit nichts mehr verloren in
unserer modernen Welt, die angeblich Frauen die gleichen Chancen
bieten möchte wie Männern. Letzteren wird aber nach wie vor einfach
viel mehr zugestanden – stillschweigend, im Zuge einer scheinbar langen Tradition. Nachdem sich die Politik in Norwegen und Island an
Schweden ein Beispiel genommen hat, trägt sich sogar Frankreich mit
Gedanken an eine striktere Reglementierung. Die Niederlande rudern
zurück – dort hatten gelockerte Prostitutionsbestimmungen einen
starken Anstieg des Frauenhandels bewirkt. In Deutschland gibt es leider anders als in Frankreich keine so aufsehenerregende Institution wie
»Zéromacho – Männer sagen Nein zur Prostitution«, deren Ziel eine
Welt ohne Prostitution ist.

Doppelmoral

Sehr oft wird der angeblich natürliche, starke männliche Trieb von den
Freiern und Prostitutionsbefürwortern angegeben. Ein Blick in die Geschichte reicht, um zu zeigen, dass diese Erfindung recht jung ist. Vor
wenigen hundert Jahren wurde noch allerorts den Frauen der stärkere,
ja unbezähmbare Trieb unterstellt. Sie wurden als Teufelsgespielinnen
und Hexen verbrannt, ins Haus gesperrt und von öffentlichen Tätigkeiten abgehalten. Erst die Eingrenzung von Mutterschaft und weibli-

*Kulturhistorischer
Hintergrund*

cher Sexualität auf die (Zwangs-)Monogamie erlaubte die Abspaltung einer nicht an der Fortpflanzung orientierten Sexualität. So verstärkte sich die Einteilung der Frauen in zwei Gruppen: die Mütter, die für die legitime Reproduktion zuständig waren und die Vergnügungsdamen.

Im 19. Jahrhundert, im Rahmen der Industrialisierung, verzeichnet die Prostitution in Europa einen enormen Anstieg, wobei dies nicht so sehr verwundert wie heute: damals konnten Proletarierinnen von ihrem extrem geringen Verdienst wirklich kaum leben. Schon zu dieser Zeit sahen einige Gegner der Prostitution diese als Versklavung der Frauen und bezeichneten außerdem die »Unsittlichkeit« als Feindin des Familienglücks. Sie forderten konsequenterweise die Abschaffung der Bordelle, die Bestrafung der »Unzucht« bei Mann und Frau und die Ausweisung ausländischer Prostituierter. Ihre Argumente haben bis heute nicht an Relevanz und Schlagkraft verloren: noch immer lässt sich sagen, dass die Entwürdigung einer Frau zur käuflichen Ware nicht vereinbar ist mit dem wichtigsten Artikel des Grundgesetzes: der Menschenwürde. Schon 1895 wurden verschiedene Arten der Bekämpfung heiß diskutiert. So sahen die Sozialisten die Prostituierte als Feindin der ehrlich arbeitenden Menschen, als Verbündete des Bürgertums oder aber als Mitglied des Lumpenproletariats. Ihre Existenz würde – ebenso wie die Eigentumsehe – nur in ihrer idealen Staatsform verschwinden. Manche wiederum sahen die Prostitution als eine Art sexuelles Ventil und das »dirnenhafte« Wesen mancher Arbeiterinnen dieser Branche als unwandelbar.[30]

Prostitution als »Traumjob«

Heute locken der schnelle Euro, die erhoffte Selbstständigkeit, die freie Zeiteinteilung und die Selbstbestätigung so manche Frau in diesen Erwerbszweig. Mit der grausamen Realität vieler Prostituierter hat dieses Idealbild in den meisten Fällen wenig bis gar nichts zu tun: viele Großbordelle werden von den dort arbeitenden Frauen als Sexfabriken erlebt und geschildert, in denen Fließbandarbeit geleistet werden muss. Oft stehen die Frauen auf ihren hohen Absätzen den ganzen Abend, zumindest so lange, bis sie das Minimum erwirtschaftet haben, und führen den Großteil der Einnahmen wieder ab, an Zuhälter

---

[30] Vgl. Schmackpfeffer: *Frauenbewegung und Prostitution.*

und Bordellbetreiber für die immens hohen Mieten ihrer Zimmer usw. Dass einige von den Arbeiterinnen Zwangsprostituierte sind, muss gar nicht extra erwähnt werden. Dass man durch die Inanspruchnahme ihrer Dienste dem Menschenhandel Vorschub leistet, ist ebenso klar. Immer wieder werden auch junge Mädchen von ihren Freunden, so genannten Loverboys, das erste Mal auf den Strich geschickt. Insofern sehen Radikalfeministinnen nicht zu Unrecht die Prostitution als eine würdelose Institution, die das Patriarchat stützt, die der männlichen Herrschaft und Machtausübung dient. Diese Position vertreten seit Jahren Kate Millett und Alice Schwarzer.

»Frauen sollen denken dürfen, ohne dies mit einem dummen Lächeln entschuldigen zu müssen.« Alice Schwarzer (geboren 1942) ist eine der bekanntesten Vertreterinnen der deutschen Frauenbewegung. Sie ist Journalistin und hat zahlreiche Bücher geschrieben. Außerdem gründete sie die Frauenzeitschrift *Emma*, deren Chefredakteurin sie ist. Dort werden Themen wie Pornografie und Prostitution fundiert recherchiert geschildert. Zudem wird jedes Mal ein »Pascha des Monats« gekürt, ein Mann des öffentlichen Lebens, der sich besonders sexistisch geäußert hat.

Alice Schwarzer: *Der kleine Unterschied und seine großen Folgen.* Frankfurt am Main 1975.

LITERATUR

Die Gründe der Freier

Richtig ist zweifellos, dass die privilegierte Situation der Männer eine Grundlage für die Prostitution darstellt. Dementsprechend wurde in der bereits erwähnten Studie zum Konsumverhalten der Freier festgestellt, dass diese ihre Machtposition ebenso wenig reflektieren wie die Doppelmoral, die alldem zugrunde liegt. Die konservativen Geschlechterbilder, die sie haben und verbreiten (wollen), stoßen jeder wirklich modernen Frau extrem sauer auf. Denn die Aussagen von Freiern machen eines überdeutlich: dass Frauen immer noch in ein Kontrastschema Hure/Heilige eingeordnet werden, das seinen Höhepunkt im 19.

Jahrhundert hatte. Eine Frau hat entweder treue Mutter zu sein, gerne trotzdem sexy, aber bitteschön als Subjekt eher asexuell. Oder sie bündelt als Berufshure alle Fantasien des armen Mannes, der sich erst bei ihr wirklich ausleben und sexuell entfalten kann. Schön soll sie sein, immer zu haben für den Helden, der zahlt, der immer kann, der sich als toller Hecht fühlen kann und wenn es nur für 50 Euro eine halbe Stunde lang ist. In anderen Lebensbereichen müsse man sich mit Defiziten irgendwie arrangieren, sagt einer der interviewten Freier, aber warum in der Sexualität, wo doch zahlreiche Kataloge zur Verfügung stehen mit einer wunderbaren Auswahl! Heute Lust auf eine blonde Polin? Nächste Woche dann dorthin, wo »neue Schokos« eingetroffen sind! Für jeden Geschmack ist etwas dabei und wie man auch mal eine andere Eissorte ausprobiert, kann man auch im Bereich der Prostitution aus dem Vollen schöpfen. Dementsprechend sehen die meisten Freier Masturbation auch nur als Ersatz für *richtigen* Sex mit einem weiblichen Objekt. Dass sich viele Frauen so behelfen müssen, ist ihnen völlig egal. Man suche einmal bei den einschlägigen Zeitungs- und Internetannoncen nach Angeboten für Frauen! Außer einem Schweizer Luxusbordell, das für die meisten wohl weder erschwinglich noch der nächste Weg sein dürfte, ist da wenig zu finden. Aber wie wir gelernt haben, ist der Trieb der Frauen sowieso schwächer... Wohlgemerkt entbehrt der Mythos des starken männlichen Triebs jeglicher hormoneller Grundlage. Die Not der Männer wird als natürlich dargestellt, um eine dankbare Ausrede zu haben.

Abwechslung ist demnach eins der häufigsten Freiermotive. Manche möchten auch verlorene Macht kompensieren oder von der Hure akzeptiert werden, wobei sie ihr dann auch noch eine mütterliche Funktion überstülpen. Ihnen erscheint die Prostitution als legitimes Mittel zur Bedürfnisbefriedigung. An die beteiligten Frauen wird dabei kaum gedacht, weder an die Dienstleisterinnen noch an die »eigentlichen« Partnerinnen (denn nichts ist weniger wahr als die Geschichte des hässlichen Singles, der aus Einsamkeit und Frust ins Bordell rennt). Sie sind ja auch nur Mittel zum Zweck. Mangelgefühle, Gewissensbisse wegen Unmoral oder Betrug der Frau/Freundin? Tatsächlich kommt auch so was bisweilen vor. Allerdings offensichtlich nicht in einem ausreichenden Maß, um sie von dem Puffbesuch abzuhalten. Manche reden sich auch damit heraus, dass die anderen Männer Schuld seien. Sie unterlägen also einem gewissen Gruppenzwang: Soldaten zum Beispiel oder Businessmen, die Vertragsabschlüsse so feiern und wer möchte schon als Spaßbremse gebrandmarkt werden oder die Intensivierung der Geschäftbeziehungen riskieren?! Da lässt man sich doch lieber zum Konsum verführen, der das perfekte sexuelle Erlebnis verspricht, das sowieso außerhalb der normalen sozialen Realität stattfindet und oft den Charakter eines Rituals trägt. Anders als die Frauen, die entweder in die eine oder in die andere Gruppe gehören (Hure oder Heilige), kann man als Mann fröhlich wechseln und an beidem teilhaben. Viele Freier verheimlichen so auch ihre diesbezüglichen Aktivitäten vor ihren Partnerinnen. Zum Glück wird die Prostitution kundenfreundlich organisiert und kontrolliert. Da wir nicht in Schweden sind, kann man sich folgenlos seinen Fantasien und Träumen hingeben und nicht nur banale Triebabfuhr betreiben, sondern auch den Luxusgedanken mit dem Körper der hübschen jungen Frau verbinden und sich einen erholsamen, belebenden Abend im Kreis von Freunden gönnen. Nicht umsonst wirbt auch das anfangs erwähnte Palais d'Amour mit dem bordelltypischen Slogan »Sie kommen als Fremder und gehen als Freund.«

Die Leidtragenden sind *alle* Frauen

Dabei ist den meisten Konsumenten nicht klar, dass sie *gelernt* haben, was sie als sexuellen Reiz zu empfinden haben (und was nicht). Beispielsweise werden zehn Zentimeter hohe Absätze im Business als Muss erachtet, da man um die erfolgreiche Konditionierung der Kundschaft weiß. Noch dazu gibt sich diese der Illusion einer gleichberechtigten Geschäftsbeziehung hin, was in den seltensten Fällen der Realität entspricht. Von Ländern wie Thailand wird hier abgesehen. Schon in Deutschland ist die Sachlage verheerend genug. Die große physische und psychische Belastung der Prostituierten ist der überwältigenden Mehrheit ihrer Kunden vollkommen egal. Sie wird ignoriert und verdrängt, um genießen zu können. Auf Kosten der Frau bzw. der Frauen, denn wie bereits erwähnt, leiden auch die legitim Angetrauten unter den Eskapaden des Mannes. Denn dieser muss sich den Problemen der Beziehung nicht stellen, er muss sich nicht zufrieden geben damit, dass seine Frau nicht auf Oralsex steht – bezahlt man halt eine andere für diesen Service. Er kann sich die Illusion der Jugend kaufen, wenn die eigene Frau in die Jahre kommt, während sich Frauen damit abmühen, jugendlich und reizvoll zu wirken, um wenigstens den Gleichaltrigen halten zu können. Vielleicht sollten auch sie sich nicht mit einem ignoranten Schlabberbauch zufrieden geben, dessen Haare ausdünnen. Vielleicht sollten sich auch *sie* überlegen, ob ein Kerl so viel Aufwand verdient, der sich von der Beziehung so weit verabschiedet hat, dass er sexuell mit anderen Frauen verkehrt und das womöglich nicht mal als Betrug sieht.

Die feministische Diskussion um die Prostitution ist bislang leider ein Thema, das vor allem von Frauen behandelt wird, was zwar naheliegt, aber dennoch ungünstig ist, da sich die Nutznießer dieser Dienste natürlich freuen, wenn die Frauen wieder einmal miteinander streiten, statt sich geschlossen gegen die Prostitution zu stellen und gegen ihre Konsumenten!

4. Die Welt der Arbeit

Frauen in Männerdomänen?

Zum Glück gibt es Frauen, die sich für eine Branche entscheiden, die von Männern beherrscht wird. Sie versuchen, in diese Bereiche vorzudringen, was natürlich ungleich schwieriger und härter ist, als einen bereits ausgetrampelten Pfad weiter zu gehen.

Ein erstes Beispiel ist eine junge Dirigentin, die in Regensburg an einem Workshop für Nachwuchsorchesterleiter teilnahm. Dem Regensburger Wochenblatt war dieses Ereignis ganze sechs Zeilen Berichterstattung wert. Zudem gab es ein winziges Schwarz-Weiß-Foto, das die junge Frau mit ihrem Taktstock in der Hand vor ein paar Musikern zeigte. Sie trug dunkle Kleidung und hatte ihr langes schwarzes Haar hochgesteckt. Die Konzentration auf ihre Tätigkeit war ihrem Gesicht abzulesen.

Direkt darüber war ein die halbe Seite füllendes Farbfoto einer Ikea-Verkäuferin abgebildet, die es »geschafft« hatte: Sie hatte die zweifelhafte Ehre, sich für eine Erotikzeitschrift ausziehen zu dürfen. Das Foto im Wochenblatt zeigte sie dementsprechend in einer typischen Pose, in Unterwäsche, dümmlich in die Kamera lächelnd, die blondierten Haare dekorativ ausgebreitet. Der dazugehörige Artikel berichtete in begeistertem Ton von der großartigen »Leistung« der jungen Frau, ihrer Freude darüber und enthielt sich jeglicher kritischen Anmerkung.

Medial gelenkte Aufmerksamkeit

Unweigerlich fragt man sich, was die Dirigentin wohl dachte, als sie diese Seite betrachtete...

Dieses Kapitel widmet sich den Fragen, welche Berufe von Frauen gewählt werden, inwiefern Frauen wirklich frei sind in ihrer Wahl und wie die Situation auf dem (deutschen) Arbeitsmarkt für sie verbessert werden kann. Immerhin ist nach wie vor kein gleicher Lohn für gleiche Arbeit zu erwarten – wir reden von den Zuständen in Deutschland 2013! Unser Land belegt traurigerweise den Spitzenplatz im europäischen Vergleich. Knapp 22 Prozent verdient eine Frau in Vollzeit weniger als ein Mann! Der Schnitt der erfassten Länder liegt bei 16 Prozent, in Norwegen sind es lediglich 9 Prozent.

Eingriffsmöglichkeiten der Politik

Manche Politiker sehen eine Möglichkeit, dagegen vorzugehen, in der Verpflichtung der Unternehmen, ihre Entlohnungspraxis offen zu legen, damit Diskriminierungen erkannt werden können. Der Staat könne dann leichter eingreifen. Nicht viel anders ist es in den deutschen Chefetagen: Weniger als vier von hundert Vorstandsposten sind weiblich besetzt. Ganz anders in Norwegen, dort ist es fast jeder zweite Posten. Ähnlich verhält es sich in Frankreich, auch in diesem Nachbarland wirkt eine entsprechende Quote. Eine verbindliche gesetzliche Regelung wäre auch in Deutschland sinnvoll. Die SPD wünscht sich ab 2015 eine Mindestquote von 40 Prozent in Vorständen und Aufsichtsräten großer Unternehmen. So genannte »Freie Stühle« sollen eine selbst regulierende Wirkung entfalten: Wenn die Posten nicht quotengerecht besetzt werden, muss ein Stuhl für das unterrepräsentierte Geschlecht frei bleiben. Die Quote beträfe Arbeitnehmer- und Aktionärsseite gleichermaßen, weswegen die quotengerechte Seite (also die, welche sich an die Quote auch tatsächlich hält) mehr Gewicht hätte. Maximal ein Jahr darf das Ungleichgewicht bestehen. Danach gehen Beschlussfähigkeit bzw. Vertretungsmacht verloren. Diese Maßnahme wird hoffentlich verabschiedet, da nach wie vor ein Drittel der 160 Unternehmen in den DAX-Indizes keine einzige Frau in den Führungsgremien hat, was die einseitige Männerkultur Deutschlands in diesen Branchen veranschaulicht.

Mit dem verfassungsrechtlichen Auftrag, die Gleichstellung von Frauen und Männern in der Gesellschaft zu verwirklichen, hat das wenig zu tun. Nachdem eine europäische Geschlechterquoten-Verordnung nicht zu erwarten ist, muss der deutsche Bundestag handeln.

Die Frauen- oder Geschlechterquote ist eine Maßnahme zur Förderung der Gleichstellung von Mann und Frau in Politik und Wirtschaft. Konkret heißt das zum Beispiel, dass bei gleicher Eignung eine Frau einem männlichen Bewerber vorgezogen werden soll, bis ein bestimmter Prozentsatz an Frauen erreicht ist. Die Einführung einer Frauenquote in Unternehmen ist nach wie vor größtenteils freiwillig. Die Idee der »Flexi-Quote« einer Ministerin Schröder, die es den Firmen freistellt, ob sie sich eine Quotenregelung geben oder auch nicht, ist ein schlechter Scherz. Quoten-Gegnern ist nicht bewusst, dass die Frauenquote lediglich die Kompensation einer vorangegangenen Diskriminierung darstellt!

Ulrike Aichhorn: *Offene Grenzen für Managerinnen!* Wien 2004.

LITERATUR

Warum Unternehmen handeln müssen

Aber auch am anderen Ende der Gehaltsstufen sieht es schlecht aus für die weiblichen Arbeitnehmer: 23 Prozent der Beschäftigten sind Niedriglohnarbeiter, der Großteil davon Frauen. Bislang muss jede Frau selbst ihren Anspruch auf gerechten Lohn durchfechten. Dabei wäre es wünschenswert, die Durchsetzung von Entgeltgleichheit zur Pflicht für Unternehmen und die Gesellschaft zu machen. Wie eine aktuelle Studie der Universität Duisburg-Essen zeigt, würden Frauen von einem gesetzlichen Mindestlohn enorm profitieren. Immerhin sind von den 7,3 Prozent Minijobbern in Deutschland 3,2 Prozentpunkte Frauen, die sonst keine andere Erwerbstätigkeit haben.

(Niedrig)Löhne

Dabei sollten die Unternehmen berücksichtigen, dass die Gleichstellung nicht nur aus sozialen und moralischen Gründen Sinn macht, sondern auch absolut rentabel ist: gerne als solches bezeichnetes Humankapital wird dauerhaft gesichert (in dessen Ausbildung ja auch viel investiert wurde), die Hire-and-fire-Kosten lassen sich vermeiden, ein frauenfreundliches Image erschließt neue Absatzmärkte und nicht zuletzt werden Synergieeffekte nutzbar, da jede und jeder der Arbeitnehmer unterschiedliche Stärken mitbringt.

Neue Lebensmodelle brauchen neue Arbeitsmodelle

Zahlreiche Arbeitgeber haben sich die Plakette der scheinbaren Frauenfreundlichkeit schon an die Brust geheftet, obwohl es bei Absichtserklärungen geblieben ist. Um eine echte Gleichstellung im beruflichen Bereich zu erreichen, ist viel mehr nötig als das, was bisher geschah. Nach wie vor identifizieren sich diverse Manager nicht mit der Idee der Chancengleichheit, was aber für deren tatsächliche Umsetzung unabdinglich ist. Betriebe müssten verstärkt auf die Veränderungen im sozio-kulturellen Bereich reagieren.

Beispielsweise, indem sie die Pluralität von Lebensentwürfen akzeptieren und nicht das Modell des einen, männlichen Brotverdieners fördern. Sie müssten außerdem neue Arbeitsformen schaffen und fördern, noch mehr zur Vereinbarkeit von Beruf und Familie für *beide* Geschlechter (ohne anschließende Diskriminierung!) tun, sich und die Mitarbeiter entsprechend weiterbilden, geschlechtsneutral in der Beschaffung von Personal vorgehen, partnerschaftliches Verhalten am Arbeitsplatz fördern und die Aktivitäten zur Durchsetzung von Chancengleichheit institutionalisieren.

Selbstverständlich existieren einige Betriebe, die bereits in dieser Art handeln (z. B. die Deutsche Telekom), aber das reicht offenbar nicht, um die zuvor genannten Zahlen, die für Deutschland beschämend sind, zu ändern. Siemens wäre ein weiteres Beispiel, wo u.a. der Betriebskindergarten direkt integriert ist, sodass dort tätige Eltern ihre Kinder auch zwischendurch kurz sehen können. Positivbeispiele wie Siemens oder auch Volkswagen haben entsprechende Betriebsvereinbarungen. Betriebsräte und Geschäftsleitungen gestalten den Arbeitsplatz so, dass die Vereinbarkeit von Beruf und Familie für *alle*, nicht nur für Frauen, leichter gelingen kann. Aber auch auf der nächst höhe-

ren Regulierungsebene, den Tarifparteien, gilt es, Tarifverträge frauen-
freundlicher zu formulieren.

Teams zur Durchführung von »Gender Mainstreaming« bestehen al- Gender Mainstreaming
lerdings meistens aus Männern und Frauen, um die Angst zu töten,
es handle sich hier um wütenden Old-School-Feminismus, der nichts
anderes im Sinne habe, als den Männern die Butter vom hart verdien-
ten Brot zu nehmen. Oft interessiert nur der finanzielle Erfolg. Die
Isolation zwischen Frauen wird eher gefördert, z. B. auch durch ein
perfides Ausspielen von Teilzeitmüttern gegen kinderlose Vollzeit-Ar-
beitnehmerinnen. Oft heißt es heute ganz im Trend des Postfeminismus (= Antifeminismus), man müsse als Frau einfach (noch) flexibler
werden!

Gender Mainstreaming bedeutet, eine Organisation so zu führen, dass
das Ziel echter Gleichstellung von Frauen und von Männern im Sinn
des Grundgesetzes (Art. 3, Absatz 2) erreicht werden kann. Nach einer Analyse des Unternehmens werden konkrete Strategien zur Umsetzung entwickelt und durchgeführt. Maßnahmen zur Gleichstellung
sind beispielsweise Frauenförderprogramme.

> Michael Meuser/Claudia Neusüß: *Gender Mainstreaming – eine Einfüh-*
> *rung.* In: dies. (Hrsg.): *Gender Mainstreaming. Konzepte – Handlungs-*
> *felder – Instrumente.* Bundeszentrale für politische Bildung, Bonn
> 2004, S. 9–22.

LITERATUR

Exkurs: Die (arbeitende) Mutter

Dabei müsste man die Väter einfach noch viel mehr in die Pflicht nehmen, damit nicht alles, was mit Kindern zu tun hat, an den Müttern
hängen bleibt – sei es im Haus oder außerhalb. Wer einmal im War-
tezimmer einer Kinderarztpraxis saß, auf dem Spielplatz oder beim
Elternsprechtag einer Schule war, weiß, wovon die Rede ist. Die Karri-
eren, die an der Kinderfrage scheitern, sind fast immer die der Frauen.
85% der männlichen Führungskräfte haben Kinder, aber weniger als

50% der weiblichen![31] Vier von fünf deutschen Professorinnen bleiben kinderlos. Der Konflikt zwischen Kind und Karriere ist für die Frauen unseres Landes besonders typisch.

Familienpolitik in Europa

In Frankreich oder anderen europäischen Nachbarstaaten, die uns familienpolitisch teilweise wirklich weit voraus sind, ist das ganz anders. Dort wird das altmodische (männliche) Alleinverdiener-Ehemodell auch nicht so stark steuerlich und ideell begünstigt.[32] So mancher Politiker hat immer wieder fast schon amüsante Ideen wie z. B. Gebärprämien für gebildete Frauen, denn was soll denn aus unserem Staat werden, angesichts der drohenden Überalterung? Trotz dieser Vorstöße wollen ca. 30% der Frauen um die 35 kinderlos bleiben, bei den Akademikerinnen sind es sogar noch mehr. Die Windelfalle schreckt sicherlich viele ab, ein befürchteter Karriereknick ebenso.

Ungleiche Arbeitsverteilung

Aber der wichtigste Punkt dürften die unzuverlässigen Väter sein, von denen nur ein sehr geringer Prozentsatz in Elternzeit geht! Väter, die mit einer hohen statistischen Wahrscheinlichkeit irgendwann das Weite suchen, um sich radikal neu selbst zu erfinden (oft an der Seite eines deutlich jüngeren Frauenmodells als die Mutter seiner Kinder). Da wundert es doch hoffentlich niemanden mehr ernsthaft, warum viele Frauen die Lust an der Mutterschaft verlieren, auch wenn sie ihnen auf alle möglichen Arten und Weisen schmackhaft gemacht wird. Gott sei Dank fallen nicht mehr alle auf diesen miesen Deal herein. Dennoch hat die Mutter-Schablone immer noch eine hohe Anziehungskraft für Frauen, die sich erfolgreich einreden lassen, nur als Mutter sei man wirklich so ganz Frau (und ähnlichen konservativ-reaktionären Schnickschnack). Diese Ansicht riecht nach alten Chauvis aus der Provinz. Erstaunlich und traurig ist, dass sie aber in allen Schichten Konjunktur hat. Frauen lassen sich von allen möglichen Leuten unter Druck setzen. Oft sind es auch wenig ausgelastete Mütter und Schwiegermütter, die sich Enkel wünschen. Oder eben die Partner, die dann am Sonntag eine Stunde mit dem Söhnchen Fußball spielen, dessen stinkende Socken aber stets die Mutter wäscht. Letztere ver-

---

31   Vgl. Kullmann: *Generation Ally*. S. 111.
32   Vgl. Vinken: *Die deutsche Mutter*. S. 8 ff.

sorgt ihn ja auch sonst und kutschiert ihn herum, damit der künftige Profi auch im Verein regelmäßig trainieren kann. Das Rollenkorsett ist relativ eng geschnürt, auch wenn sich viele Mütter zum Selbstschutz in die eigene Tasche lügen und ihre Situation als absolut selbst gewählt darstellen...

Nicht nur die Mutterschaft ist ein Phänomen, bei dem sich so manche Frau selbst belügt, auch wenn es um die Verteilung der Hausarbeit geht, liegt immer noch so viel im Argen, dass man es kaum glauben kann. Es werden doch zahllose Witze zu diesem Thema gerissen, wo man doch ach so fortschrittlich diese Probleme angeblich schon längst hinter sich gelassen hat. Aber da man als Single-Frau ja nicht glücklich sein kann (wie viele High-Heels-No-Brain-Serien führen uns dies jeden Abend vor Augen!), malt man sich sein eigenes Bild vom angebeteten Mann. Dieses hat meist nicht viel mit der Realität gemein, aber es hilft dabei, sich selbst dahingehend zu erniedrigen, dass man gut gelaunt *seinen* Anteil an der Hausarbeit gleich miterledigt – wenn man schon mal dabei ist... Wie man auch die Pille nimmt, um IHN von jeglicher Verantwortung zu entlasten! Leider sind immer noch einige Frauen in dieser Denke gefangen, was sie auch davon abhält, zu erkennen, in was für einem demütigenden Gefängnis sie sich selbst gefangen halten. Selbstverleugnung und Verdrängung wirken hier in unheilvoller Weise.

Weibliche Selbstverleugnung

Die Journalistin und Publizistin Bascha Mika (geboren 1954) nennt außerdem das Kümmersyndrom, unter dem einige Frauen leiden, die meinen, ohne ihre Taten funktioniere überhaupt nichts, weder der Haushalt noch die Familie... Das hält natürlich von wichtigeren Aufgaben des Lebens ab. Selbst Frauen, die mehr als ihre Männer verdienen, erledigen in der Regel mehr Hausarbeit als ihre Partner![33] Sie betont den Skandal angesichts der Tatsache, dass so viele Frauen sich nahezu allein zuständig fühlen für Haushalt und Kinder, was uns in der Tat eher ans 19. denn ans 21. Jahrhundert rückt. Sklavengeduld

---

[33] Vgl. Mika: *Die Feigheit der Frauen.* S. 116.

nennt sie die Einstellung der Frauen, die es sich bieten lassen von ihren Männern und Freunden, dass sie kaum einen Finger krumm machen, weil sie das ja zu Hause bei ihrer Mama meistens auch nicht mussten... Selbst hoch misogyne Rapper vergöttern eine Frau: ihre Mutter. Wahrscheinlich aus genau diesem Grund.

LITERATUR Bascha Mika: *Die Feigheit der Frauen*. München 2012.

Mütterterror Dabei fühlen sich die heutigen Mütter ständig verunsichert, überfordert und unter hohem Druck zur Perfektion. Kein Wunder, wenn man als Mutter die beste sein will, dem Mann die Hemden besser bügeln will, als das zuvor seine Mutter geschafft hat. Und nebenbei muss man sich selbst ja auch noch à la Porno-Queen stylen. Notwendig ist hier die Einsicht in den Druck, den man sich einfach nicht machen lassen darf von seiner eigenen Familie und einer Gesellschaft, die Frauen nur nach ihrer optischen Attraktivität bewertet. Angesichts höchster Ansprüche von so vielen Seiten kann man nur scheitern. Außer man erkennt, dass es gar nicht die Aufgabe einer Frau ist, sich zu zerreißen und kaputt zu machen. Wozu eigentlich das Bestreben, von außen vorgeschriebene Vorgaben zu erfüllen, die einem bestenfalls indirekt etwas bringen?

Gerade den Müttern kann ja wunderbar ein schlechtes Gewissen gemacht werden. Je nachdem, ob und wie viel sie arbeiten, kann man jeweils herausstreichen, wem sie da nicht gerecht werden. Es leidet schließlich immer jemand, entweder die Kinder, der Mann, der Haushalt oder der Job. Mehr Väter als Mütter meinen denn auch, gerade ganz kleine Kinder müssten zu Hause betreut werden, wobei sie natürlich an ihre Frauen denken, die diesen undankbaren Part bitteschön übernehmen sollen. Meist wird vordergründig rational argumentiert, ER verdiene nun einmal besser. Man sieht, wie ein Zahnrad des Teufelskreises ins andere greift... Frauen dürfen sich nicht mehr so herumschubsen und bevormunden lassen, andernfalls wird sich nichts ändern, da Staat, Arbeitgeber und Gesellschaft durch ihre Aufopferung aus der Pflicht entlassen werden!

Die französische Philosophin und Professorin Elisabeth Badinter (geboren 1944) hat sehr viel zum Thema Mütter geforscht. Schon in den 1980er-Jahren hat sie betont, dass der so genannte Mutterinstinkt mitnichten genetisch belegt oder vorhanden ist, sondern eine dankbare soziale Konstruktion, die erfunden wurde, um Frauen an ihren Platz zu verweisen. Kein Wunder, dass so auch keinen Vater je der Vorwurf treffen wird, er sei karrieregeil... (Das bekommen immer nur arbeitende Frauen zu hören, die nicht gewillt sind, daheim zu verdummen.) Viele Frauen fühlen sich unter Druck, weil die Vorstellung des angeborenen Mutterinstinkts sie einfach nicht aus ihren Klauen lässt.[34] Die Gesellschaft würde mehr als verstört reagieren, wenn eine Mutter nicht *wie erwartet* auf ihr Baby eingeht. Die männlich geprägte Gesellschaft benutzt de facto die Legende vom Mutterinstinkt dazu, ihre Machtposition zu erhalten. Mutterschaft wird in Deutschland idealisiert. Dazu gehört außerdem, dass die Unabhängigkeit der Frau zu enden hat, sobald das Kind geboren ist. Sie hat jetzt alles andere dem Baby unterzuordnen, statt das Kind in ihr Leben zu integrieren. Das Kind ist eine narzisstische Ausdehnung der Mutter, daher muss es auch ihre Idealvorstellung erfüllen. Nur so kann sie leisten, was die Gesellschaft von ihr erwartet: das Kind mehr zu lieben als sich selbst.

Viele Frauen vernachlässigen ihren Job denn auch viel bereitwilliger als es ihre Männer tun, wenn Familienpflichten rufen. Ist das Kind krank oder wird eingeschult, bleibt in fast allen Fällen die Mutter zu Hause. Dazu passt, dass fast 75% der arbeitenden Mütter mit nicht volljährigen Kindern im Teilzeitsektor tätig sind, was für nur 5% der Väter zutrifft! Fast überflüssig zu erwähnen, dass viele Teilzeitjobs oft ungeschützte Arbeitsstellen sind, die eine geringere Qualifikation erfordern. Aber einer aufopferungsvollen Pelikan-Mutter, die die Kleinen notfalls mit Fleisch und Blut, das sie sich selbst aus der Brust reißt, ernährt, kann man ja – so das deutsche Credo – ohne Weiteres zumuten, ihre Ausbildung für die Katz gemacht zu haben. Bereitwillig opfert sie alles dem höchsten (einzigen) Gut und hilft ihren Grundschulkindern bei den Hausaufgaben, statt dafür zu sorgen, dass sie

Der Preis der Unersetzbarkeit

---

[34] Vgl. Friday: *Wie meine Mutter*. S. 29.

selbst einmal eine Rente bekommen wird, die diese Bezeichnung überhaupt verdient...

Sicher, man hat dann das Gefühl, unersetzlich zu sein, man wird wirklich gebraucht, aber wie lange dauert dieser Zustand wohl an? Kurzsichtigkeit kann sich auch hier nur fatal auf die Zukunft der älteren Mutter auswirken. Man sollte schon gründlich bedenken, ob man nur noch als Mutter unter Kindern und anderen Müttern existieren will. Immerhin ist dies wiederum eine gewisse Trennung der Geschlechter, die nicht unbedingt förderlich ist.

Das Mutterbild hat eine Geschichte

Dabei ist die typisch deutsche Überzeugung, dass die Frau zum (vor allem kleinen) Kind gehört, ebenfalls historisch gewachsen und keinesfalls eine genetische, irgendwie instinktive Sache. Biologische und soziale Mutterrolle werden erst bei Martin Luther stets zusammen gedacht. Nicht umsonst gab es früher eine Heerschar von Ammen, eigenes Stillen war bei adligen Damen die absolute Ausnahme. Die idyllische Familienwelt wird bei uns im Deutschland der Gegenwart der grausamen Konkurrenz der weiten Welt der Arbeit gegenübergestellt. Wie schon im ersten Kapitel zu lesen war, gipfelte der deutsche Mutterwahn zur Zeit des Nationalsozialismus, als Religion und Biologie auf perverse Weise kombiniert wurden, um den Fortbestand des reinblütigen Volks zu sichern. Ab 1934 wurden nicht nur jüdische Beamte entfernt, sondern auch weibliche. Die deutsche Frau sollte sich ganz auf ihre hehre Aufgabe konzentrieren. Hitler selbst versuchte, die deutsche Mutter als Kriegerin darzustellen, die ihrer edelsten Berufung folgt. Nur noch 10% der Studentinnen durften sich an den deutschen Universitäten tummeln – und das nicht einmal in allen Fakultäten.[35]

Meistens geht es in Berichten, Dokumentationen und Romanen um junge Frauen, die der Familie zuliebe aus dem Beruf teilweise oder ganz aussteigen. Dabei belegt die Studie »Karrierekorrekturen beruflich erfolgreicher Frauen in der Lebensmitte«, die Managerinnen um die 50 befragt, dass auch sie sich nicht ausreichend wertgeschätzt fühlen in ihrem Unternehmen. Christiane Funken, Dozentin an der Tech-

---

[35] Vgl. Vinken: *Die deutsche Mutter.* S. 217 ff.

nischen Universität Berlin hat es herausgefunden – viele ältere Frauen, die eine hohe Position erreicht haben, verlieren die Lust an der Arbeit. Kein Wunder, arbeiten sie doch extrem hart und viel und werden oft doch nicht an den wichtigsten Entscheidungen beteiligt! Die Fremdbestimmung macht ihnen ebenfalls zu schaffen. Daher planen 30% der Befragten auszusteigen, sich selbständig zu machen, ein Ehrenamt auszuüben, weil ihnen der tägliche Trott trotz Dienstwagen und Büro mit Aussicht nicht genügt.[36] Status und Geld bedeuten diesen Frauen nicht (mehr) alles. Selbstredend hat fast kein Mann diese Probleme. Selbst die 150-%-Karrieristen haben in der Regel eine Frau zuhause, die sich darum kümmert, dass der Klempner und die Putzfrau sich nicht in die Quere kommen.

Die Abwertung von Frauenarbeit

Niemand bestreitet, dass »Frauenarbeiten« niederer bewertet und bezahlt sind als Tätigkeiten, die traditionell von Männern erledigt werden. Ein Lösungsansatz wäre, die klassischen Frauenjobs aufzuwerten und umzugestalten, damit sie auch für Männer (wieder) attraktiv werden. Das Phänomen, dass Männer in einem Beruf desto stärker vertreten sind, je angesehener dieser ist und umgekehrt, lässt sich in so gut wie allen Bereichen beobachten.

Ein Beispiel unter vielen ist der Lehrerberuf, der vor ein paar Jahrzehnten noch eine überwiegend männliche Domäne war. Jetzige Absolventenjahrgänge weisen einen überdurchschnittlich hohen Frauenanteil auf, bei den Grundschullehrämtern sind es sogar 90 Prozent. Sian Beilock von der University of Chicago fand heraus, dass nicht wenige Grundschullehrerinnen im Fach Mathematik unsicher sind, was sich wiederum negativ auf Schülerinnen auswirkt. Das könnte eine der Erklärungen sein, warum trotz aller (verspäteten?) Aktivitäten wie z. B. den Girls' Days (Schülerinnen werden eingeladen, in Betrieben zu schnuppern, die technisches oder naturwissenschaftliches Personal

Umbrüche im Lehrerberuf

---

[36]   Vgl. Süddeutsche Zeitung Nr. 161, Sa/So, 14./15. Juli 2012. V2/9.

brauchen) immer noch viele Mädchen einen nicht-technischen Beruf ergreifen.

An praktisch jedem bayerischen Gymnasium findet sich beispielsweise eine große Mehrheit Mädchen im neusprachlichen Zweig, wohingegen die mathematisch-naturwissenschaftliche Ausbildungsrichtung von auffallend wenig Schülerinnen gewählt wird. Warum die Mädchen nach wie vor eher zum Sprachlich-Künstlerischen neigen, hat natürlich viele unterschiedliche Gründe. Die Existenz einiger Ausnahmen wird ebenso wenig bestritten. Auf die Auswirkungen der jeweiligen Erziehung kann man hier pauschal nicht eingehen. Zu diesem Komplex gibt es etliche Untersuchungen, so auch zu den Konsequenzen für die männliche Sozialisation, wenn 90 Prozent des Lehrkörpers weiblich ist. Dieses Thema wurde in den Medien hinlänglich diskutiert. Viele Mütter von Jungen, die teilweise alleine erziehen, klagen über die Abwesenheit realer männlicher Vorbilder im Leben ihrer Buben.

Die Frauen zieht es in die Schulen, weil man Familie und Beruf hier ach so wunderbar vereinbaren kann – warum ist dieses Kriterium eigentlich in den Köpfen der Männer praktisch gar nicht vorhanden? 70% aller Frauen würden für ihren Partner auch beruflich zurückstecken... Das selbstbestimmte Leben hat an Reiz verloren. Man will doch keine dieser schrecklich bemitleidenswerten alten einsamen Kreaturen ohne Mann werden, oder?!

Subtilere Formen der Benachteiligung

Die Fächerkombinationen des Lehramts, die deutlich mehr Arbeit machen, also Deutsch oder Fremdsprachen, sind mittlerweile fest in Frauenhand. Mehr Geld oder eine Reduktion der Stundenzahl, die unterrichtet werden muss, gibt es aber nicht. Man sieht, dass auch in einem scheinbar Männer und Frauen gleich bezahlenden »Unternehmen« de facto erhebliche Unterschiede bestehen! Ein bayerisches Gymnasium, das 120 Lehrkräfte beschäftigt (davon 80% weiblich), hat sechs Mitarbeiterstellen im Direktorat zu vergeben. Glatt eine einzige Frau besetzt eine davon! Sind die Frauen wirklich so viel schlechter? Oder bewerben sie sich gar nicht auf die Direktoratsstellen, aus welchen Gründen auch immer? Oder zieht man einfach die männlichen Bewerber vor? Oder haben diese, dank weniger aufwändiger Fächer, mehr Zeit, sich anderweitig entsprechend zu profilieren, um besser auf die Stellen zu passen? Die Asymmetrie ist in jedem Fall mehr als augenfällig. Die Frauen sind gerne die als Teilzeitmütter abgestempelten Arbeitsbienen, die sich zu Tode korrigieren, während daneben Babies weinen, während die Entscheidungen von den Herren getroffen werden.

Als die Politik mächtiger war, tummelten sich in diesem Bereich deutlich weniger Frauen. Jetzt, wo die wahre Macht eher bei der Wirtschaft liegt, ist *dort* die deutlichste Absenz von Frauen festzustellen. Wichtig erscheint also auf jeden Fall ein leichterer Zugang weiblicher Arbeitnehmer zu Führungsposten in Männerdomänen. Andererseits – und hier stützt wiederum ein Diskriminierungssystem das andere – gibt es zweifellos einige nicht zu unterschätzende Faktoren, die im Dunkeln wirken, die es Frauen erschweren, in diese Positionen zu gelangen. Dies beginnt bei scheinbar harmlosen, aber hoch symbolträchtigen Praktiken wie Betriebsfeiern, die durch Geschlechterverhältnisse geprägt sind und diese auch wieder neu produzieren, wenn nichts verändert wird. Man denke an die Herren im oberen Management, im Baugewerbe etc. etc, die ihre Vertragsabschlüsse nicht nur in Filmen im Bordell begießen, sondern in der Realität. Solche Parties wären schlichtweg unmöglich, wenn ein weibliches Vorstandsmitglied zugegen wäre. Dies ist nur eines von vielen subtilen Ausschlusskriterien, die Frauen unsichtbare Steine in den Weg legen. Die berühmte gläserne Decke, an die viele Frauen irgendwann stoßen, muss hier gar nicht extra erwähnt werden. Informelle Barrieren dieser Art gehören zur vertikalen Segregation. Das heißt, Frauen haben schlechtere Aufstiegschancen als Männer. Die horizontale Segregation ist hingegen die schon angesprochene Verteilung der Arbeitnehmerschaft auf »klassische« Branchen. Soziale Berufe beispielsweise, in denen Frauen dominieren, sind im Durchschnitt einfach viel geringer bezahlt.

Der frauengerechte Arbeitsplatz

Tatsache ist, dass der Mainstream leider immer noch eher ein Male-stream ist, obwohl zahlreiche Forschungsergebnisse vorliegen, die besa-gen, dass Gleichstellung nicht nur rechtlich geboten ist, sondern auch politisch und ökonomisch vorteilhaft für die Unternehmen ist. »Managing Diversity« – also verschiedene Arbeitnehmer in ihrer Vielfalt einzustellen und ihre Verschiedenheit zur Gewinnmaximierung der Firma zu nutzen – zahlt sich auf jeden Fall und im wahrsten Sinn des Wortes aus. Dazu bedarf es, wie bereits erwähnt, einer hohen Gleichstellungs-kompetenz von Führungskräften. Leider gibt es auch Negativbeispiele von z. B. Professorinnen, die einen Lehrstuhl ergattert haben, dann aber selbst aus einem Pool von zwanzig möglichen Bewerbungen (davon nur zwei von Männern verfasst) einen Mann auswählen, obwohl seine Eignung die der Mitbewerberinnen nicht übertrifft.

Rechtliche
Aspekte Allen Unternehmern sollte bewusst sein, dass das europäische Recht Diskriminierungen wegen des Geschlechts, z. B. in puncto Entgelt, verbietet. Diesbezüglich gilt, dass es keine Frau scheuen sollte, das ihr Zustehende einzuklagen. Im Übrigen ist die Gleichstellung als solche nicht nur im deutschen Grundgesetz explizit als Ziel formuliert, sondern auch im Allgemeinen Gleichbehandlungsgesetz sowie in der Charta der Grundrechte der Europäischen Union und vielen anderen Gesetzestexten. Das Betrübliche ist die bestehende Kluft zwischen programmatischer Absichtserklärung und Realität!

Stichwort Klage – ein Drittel aller weiblichen Arbeitnehmer ist mit sexueller Belästigung in leichter bis schwerer Form konfrontiert. Hierzu zählen Pornokalender im Büro des Chefs ebenso wie dessen scheinbar väterliches Tätscheln diverser Körperteile. In diesen Fällen ist Schmerzensgeld einklagbar.

Ebenso bekannt wie die Unterschiede in der Entlohnung ist die deutsche Misere der Kinderbetreuung, weswegen hier gar nicht viel dazu gesagt werden soll. Wer sein Kind nicht in den Siemens-Kindergarten schicken kann, weil er woanders arbeitet, hat eben Pech gehabt. Hier ist es an der Politik, Abhilfe zu schaffen, die sich gerne an unseren europäischen Nachbarn wie zum Beispiel Frankreich orientieren darf, wo die arbeitende Karriere-Mutter keinen annähernd ähnlichen Seltenheitswert besitzt wie in unserem Staat. Dies hängt womöglich auch mit dem Mutterbild zusammen, das bei uns immer noch en vogue ist. Daher gibt es auch nur bei uns den Begriff der Rabenmutter. Dieser ist, aus biologischer Sicht betrachtet, in der Tat eher schmeichelhaft, da sich die Rabenmutter im Tierreich sehr gut um die Jungen kümmert – und zwar zusammen mit dem Vater, mit dem sie ein ganzes Leben lang zusammenbleibt!

Wie hart es viele Frauen haben, die als Polizistin oder gar Soldatin im Einsatz sind, lässt sich aus den Medien nur ansatzweise und oft nur zwischen den Zeilen herauslesen. Gespräche mit Polizistinnen, die sich noch viel öfter dumm anreden lassen müssen als ihre männlichen Kollegen, offenbaren da schon tiefere Einblicke. Zum bei manchen Teilen der Bevölkerung sehr unbeliebten Job kommt noch das Geschlecht, das sie zur Zielscheibe des Spotts macht. Und so kann die junge blonde Polizistin von Glück reden, wenn ihr nur gesagt wird, in einem anderen Outfit als der schäbig gelb-braunen Uniform könne man sie sich besser vorstellen...

Sexismus in Uniform

Die Uniform als solche wird wie so vieles gern zum Fetisch gemacht. Melania Mazzucco, die gefeierte italienische Schriftstellerin, hat lange recherchiert, wie Soldatinnen im (italienischen) Militär wahrgenommen werden und leben. In ihrem brandaktuellen Roman »Limbo«, der von einer jungen Soldatin handelt, die schwer verletzt aus Afghanistan zurückkehrt, lässt sie diese ihre Heldin nicht nur mit den Zuständen in dem armen Land kämpfen, sondern sich auch den Respekt der männlichen Kameraden erringen – etwas, das Männer nicht nötig haben. Sie sind und werden bereits von vornherein anerkannt von ihren Kollegen. Manuela, die Soldatin, hegt zwiespältige Gefühle, als sie bemerkt, dass einige Kameraden Fantasien, in denen sie die Hauptrolle spielt, als Masturbationsvorlagen benutzen. Nicht mehr zwiespältig aber ist ihre Haltung, als sie ihr Freund in Italien darum bittet, ihn doch einmal in Uniform zu daten, was er erregend fände. Sie reagiert brüsk, dass Pornografisches nicht in Frage käme. Bravo! Die fiktive Soldatin hat sich gewehrt gegen ihre Verdinglichung, gegen die totale Vereinnahmung durch Männer, was ihr in ihrer Laufbahn aber mehr schadet als nützt. Schon der ganze Eignungstest konfrontiert Soldatinnen mit Männern in den verantwortlichen Positionen. Sie werden von Männern beurteilt, gemessen und eingestuft. Wie die fiktive Soldatin Manuela es formuliert – sie fühlt sich wie ein Pferd, dem man ins Maul schaut, um die Zähne zu begutachten. So schafft sie die Aufnahme ins Heer auch nicht beim ersten Anlauf, weil einer der alten Herren, der Psychologe, sie erfolgreich verunsichert und sie infolgedessen als ungeeignet betrachtet. In der Ausbildung selbst haben die wenigen Frauen es nicht leichter. Die Männer stecken sie für gewöhnlich in wenig schmeichelhafte Schubladen wie »Lesben« oder »Schlampen« – davon abhängig, ob sie sich mit ihnen einlassen oder nicht! Manuelas blonde, vollbusige Freundin erfährt vor allem durch einen alten General, der auf neue Rekrutinnen steht, eine gewisse Vorzugsbehandlung im angeblich neutralen, objektiven Raum der Kaserne. Auf weibliche Bedürfnisse wird keine Rücksicht genommen. Manuela wird erst geschätzt, als sie ihre Regelschmerzen ignoriert und sich die Haare schneidet, um die Wasserrationen im trockenen Afghanistan nicht übermäßig zu beanspruchen. Auf der andere Seite kommentiert ein Kamerad, die langen Haare seien das Schönste an ihr gewesen... eine klassische Lose-Lose-Situation. Auch außerhalb der Welt der Fiktionen, die hier auf den umfangreichen Recherchen der Schriftstellerin beruht, liest man immer wieder Berichte, die die problematische Behandlung vom Frauen im Militär zum Gegenstand haben: Soldatinnen, die zum Spießrutenlauf durch eine Reihe erigierter Penisse ihrer Kameraden gezwungen werden und ähnliche Schikanen, die eine Frau in einem »klassischen«, »harten« Männerberuf hinnehmen muss, bevor sie sich wehrt – oder schlimmstenfalls schweigt.

Grundlagen der Gleichstellungspolitik

»Gerade in Zeiten, in denen der Gegenwind stärker weht, ist eine reflektierte und institutionell abgesicherte Gleichstellungspolitik unverzichtbar.«[37] Eine theoretisch reflektierte Praxis ist notwendig, da jede Praxis immer schon mit theoriehaltigen Vorannahmen behaftet ist (vielleicht ohne es zu wollen). Eine umfassende Theorie hilft auch bei der Vermeidung politischer Sackgassen, deren unfreiwilliger Zeuge man ja nicht selten wird. Die drei gängigsten Ansätze sollen hier kurz vorgestellt werden.

Ist die Grundlage der Frauenförderung ein differenztheoretischer Ansatz, dann werden die Unterschiede zwischen Frauen und Männern betont. Kritiker werfen dieser Herangehensweise vor, Unterschiede gerade zu zementieren und womöglich mit einer Aura zu umgeben, die sich nicht vorteilhaft auswirkt. Ein Beispiel wäre hier das »Mütterliche«, das den Arbeitsstil von Frauen angeblich prägt. Sie seien in ihrer Arbeitsweise fürsorglicher und nicht so sehr an Konkurrenz orientiert sei. (Dem widerspricht, dass Frauen in Mobbingfällen am Arbeitsplatz ebenso oft Opfer anderer Frauen sind als von Männern).

Differenz,...

Der zweite Ansatz, der der Gleichheit, setzt auf Antidiskriminierung, Quoten, gleichmäßige, gerechte Verteilung der Aufgaben usw. Kritiker bemängeln, dass die Maßstäbe der männlichen Kultur folgen und die weiblichen Besonderheiten einfach ausblenden. Wie schon im Kapitel 1 ausgeführt, möchte der Dekonstruktivismus/Postfeminismus mit beiden vorherigen Ansätzen ebenso aufräumen wie mit der Einteilung in (nur) zwei Geschlechter.

...Gleichheit oder Abschied vom Geschlecht?

Andererseits muss man natürlich festhalten, dass die geschichtliche Entwicklung nun einmal Benachteiligungen von Frauen (Hierarchien in Ausbildung/Arbeit, Klischees bezüglich der Familien- und Hausarbeit etc.) produziert hat, die jetzt kompensiert werden müssen, unter

---

[37] Gertraude Krell (Hg.): *Chancengleichheit durch Personalpolitik.* S. 153. In diesem höchst informativen Buch finden sich viele der hier angerissenen Aspekte und werden teilweise breit ausgeführt.

anderem durch Sonder- und Förderprogramme. In gewisser Weise ist eine Kombination aller drei Theorieansätze nötig. Gerade die Gruppenbezüge werden nur strukturell hergestellt, nicht im Sinne einer Identitätspolitik: Niemand unterstellt, dass »die Frauen« eine einheitliche Kategorie sind, mit identischen Erfahrungen, Orientierungen, Wünschen und Fähigkeiten. Worum es geht, ist die Frage der Macht, auch und gerade in der Welt der Arbeit, ihre ungerechte Verteilung und die Konflikte und Benachteiligungen, die sich in Folge dessen für Frauen wegen ihres Geschlechts eher ergeben als für Männer.

Um das Ziel einer gerechteren Welt zu erreichen, macht es in diesem konkreten Bereich, der so sehr mit der Politik verzahnt ist, durchaus Sinn, von »den Frauen« zu reden. Gerade wenn man über den deutschen Tellerrand hinausblickt: 70 Prozent der Armen sind weiblich, jede dritte Frau weltweit wird Gewaltopfer in ihrer Intimbeziehung, über 30 Millionen Opfer in Frauenhandel, Prostitution, illegaler Beschäftigung usw. sind zu verzeichnen! Angesichts solcher erschütternder Zahlen muss die dekonstruktivistische Theorie für einen Augenblick in den Hintergrund treten. Die Gruppe der Migrantinnen beispielsweise ist in Deutschland vor allem in den feminisierten Branchen vertreten. Wer kennt schon eine deutsche Altenpflegerin? Oder eine deutsche Putzfrau, um diesen politisch nicht korrekten Begriff zu bemühen, der nicht beschönigt und verschleiert, worum es hier geht: um die Ausbeutung meist ausländischer Frauen, die zum Niedriglohn den Dreck der Deutschen beseitigen dürfen.

Handlungsbedarf Aber nicht nur die Frauen in den Leichtlohngruppen leiden. Selbst Wirtschaftsprofessorinnen klagen: feministische Ökonomie interessiere niemanden, auch an der Universität nicht. Dementsprechend wird wohl das Arbeitsrecht, bislang maßgeschneidert für männliche Lebenswelten, auch weiterhin dem Aufstieg der Frauen nicht gerade förderlich sein.

Viele Disziplinen im Wissenschaftsbetrieb beanspruchen für sich eine Neutralität in Fragen des Geschlechts, entpuppen sich aber sehr oft als latent androzentrisch, was nichts anderes heißt, als dass diese angebliche Objektivität von einem männlichen Subjekt so bestimmt wurde. Geschlecht und Körper formen sich seit jeher im Zusammenhang mit gesellschaftlichen Normen und Interessen und so überrascht es nicht, dass die Männer ihre Vormachtstellung mit allen Mitteln bewahren wollen. Dementsprechend werden geisteswissenschaftliche Disziplinen wie Sprachen oder Geschichte abgewertet und nur dort findet sich ein vergleichsweise hoher Prozentsatz von Professorinnen. Dennoch: Auch in diesen Bereichen sind es noch viel zu wenig Frauen, die unterrichten und forschen. Vor allem wenn man sich vergegenwärtigt, dass weit über 50 Prozent der Studierenden in diesen Fakultäten weiblich sind. Warum stehen ihnen immer noch deutlich unter 50 Prozent Professorinnen gegenüber?

Auch hierzu gibt es spannende Untersuchungen, die im Wesentlichen zwei Antworten geben. Auf der einen Seite – wie wäre es auch anders zu erwarten – der ewige Widerspruch von Familie und Karriere. Kein Mann, der seine Doktorarbeit abgeschlossen hat, muss sich bang fragen, ob er weiter forschen oder sich doch lieber für Kinder entscheiden soll. Für ihn ist selbstverständlich beides drin, für Frauen aber nicht. Da immer noch (von wenigen Ausnahmen abgesehen) die Hauptverantwortung für Heim und Kids bei den Frauen liegt, die auch im Durchschnitt mehr Zeit dafür aufwenden, sehen viele junge, hoch qualifizierte Frauen Probleme, wenn es um die Vereinbarkeit beider Lebenswelten geht und entscheiden sich oft gegen eine Habilitation. Bei vielen Forscherpaaren kümmert ER sich ja dann darum, wohingegen SIE den geeigneten Kindergarten ausfindig macht und die Wäsche bügelt. Außerdem wird bei den meisten Jobs, die hohes Ansehen und entsprechende Entlohnung bieten, eine enorme Flexibilität erforderlich. Das muss nicht einmal der wochenlange Auslandsaufenthalt sein, den man sich und den Kleinen als junge Mutter nicht so gern zumuten möchte. Wer schon einmal im Institut für Germanistik an der Universität Regensburg die Dozentinnen über das Abpumpen von Milch fachsimpeln hörte, weiß, wovon die Rede ist.

Die zweite Antwort, die Untersuchungen auf die schwierige Situation für Frauen in der akademischen Welt geben, richtet den Blick auf die

Hochschule selbst. Denn nicht nur die junge Forscherin fragt sich, ob sie der Doppelbelastung gewachsen ist, auch der Lehrstuhlinhaber stellt sich diese Frage und bevorzugt – gerade in den naturwissenschaftlichen Bereichen – oft den männlichen Konkurrenten. Dies gilt ebenso für andere Personaler, beispielsweise bei E.ON, die im persönlichen Gespräch verlautbaren ließen, NATÜRLICH lieber Männer einzustellen, da diese nun mal nicht ausfallen, wenn sie Kinder bekommen oder diese krank sind. Überhaupt seien sie in der Regel gefestigter und robuster. Bewerbungen verheirateter Frauen um die 30 werden gerne aussortiert. Immer noch wird eine mögliche Schwangerschaft dieser Kandidatin als drohende Gefahr interpretiert, was fraglos dem Gedanken der Antidiskriminierung und der Gleichstellung widerspricht. Die Frage, ob man ein Kind habe, darf endlich nicht mehr nur allein den Frauen gestellt werden! Sie werden noch viel zu oft nach diesem einen Aspekt bewertet. Gerade in Bayern lässt sich oft eine Glorifizierung der Mutterschaft feststellen, die einen gefährlichen Keil zwischen die Frauen treibt: Mütter versus Nicht-Mütter, wobei letzteren immer noch verbreitet unterstellt wird, sie seien karrieregeil und egoistisch. Keinen kinderlosen Mann trifft dieses gemeine Verdikt! Kinderbetreuung muss ein Thema für beide Geschlechter sein und nicht mehr zum Großteil einem einzigen zu dessen Nachteil aufgebürdet werden.

Flexiblere Arbeitszeiten können schließlich von beiden Geschlechtern genutzt werden. Mehr Zeitsouveränität und eine insgesamt kreativere Arbeitszeitpolitik werden zukünftig (hoffentlich) eine viel größere Rolle spielen. Das sollte angesichts der ständigen mehrfachen Erreichbarkeit aller Arbeitnehmenden ohnehin schon längst keine Zukunftsmusik mehr sein.

Schwierigkeiten mit der Sprache

Es sei aber auch so schwierig, es allen recht zu machen, hört man oft von Leuten, denen »Frauenthemen« auf die Nerven gehen. Allein schon die korrekte Formulierung der Stellenausschreibung erweise sich als Spießrutenlauf, wenn man keine Minderheiten verletzen will. Dabei ist es aber noch durchaus üblich, vor allem in ländlicheren Regionen oder in bestimmten Branchen, die männliche Universalform zu benutzen. Beispiel: Vor einem Autohaus in Landshut flattert ein riesiges, weißes Banner im Wind mit der Aufschrift: Wir suchen einen Mechaniker. Informationen im Geschäft. Der Autohändler macht sich's leicht, sorgt aber natürlich gleichzeitig dafür, dass die Klischees weiterhin bestehen und bedient werden. Man fragt sich, wie er reagieren würde, wenn sich eine junge Frau auf die Stelle bewerben würde...

Viele Arbeitgeber beschreiten den Weg des scheinbar Neutralen: Wir suchen Notar (m/w). Warum eigentlich die Erstnennung des Männlichen? Die Suche nach politisch korrekten Formulierungen betrifft nicht nur den Bereich der Arbeit, sondern das ganze Leben innerhalb der Gesellschaft. Dankbare Kompromisse sind Bezeichnungen, die alle mit einschließen; z. B. Lehrkräfte, Wählende etc. Wählerinnen und Wähler vernachlässigen die Intersexuellen.

Scheinbare Neutralität

WählerInnen lässt sich nicht eindeutig aussprechen. Wie die Süddeutsche Zeitung am 19.6.2012 titelte, handelt es sich bei der neuesten Idee zur politisch korrekten Sprache um den Unterstrich: »Freund_innen« beispielsweise integriere alle Menschen, da auch Personen, die nicht in das Mann-Frau-Schema passen (wollen), hiermit angesprochen werden können.

Bis in die 1970er-Jahre war insgesamt relativ wenig Bewusstsein dafür vorhanden, dass auch unsere Sprache ein Instrument der männlichen (Vor-)Herrschaft sein kann. Hierzu existieren mittlerweile zahlreiche Bücher, vor allem von Sprachwissenschaftlerinnen. Ein einziges Beispiel möge reichen, um zu veranschaulichen, dass das angeblich Allgemeine meistens eben doch das Männliche ist/meint: »seinen *Mann* stehen« muss man auch als Frau, trotzdem klingt es etwas eigenartig...

In den 1980er-Jahren stand die Zwei-Kulturen-Theorie besonders hoch im Kurs: Man bekomme das jeweils unterschiedliche Gesprächsverhalten anerzogen. Als Frau ist man nicht nur auf die männliche Sprache angewiesen, man lernt auch, anders zu reden. Zahlreiche Bü-

Zwei-Kulturen-Theorie

cher, z. B. *Frau-Deutsch/Deutsch-Frau* (erhältlich ist allerdings auch *Mann-Deutsch/Deutsch-Mann*), greifen diesen Sachverhalt (auf teilweise nur klischeehafte, teilweise wenigstens auch ansatzweise humorvolle Art) auf. Die Sprachwissenschaft bestätigt durch viele empirische Erhebungen, dass Frauen in der Tat mehr auf das Gegenüber eingehen, mehr Füllwörter benutzen, öfter die Zustimmung des Gesprächspartners einholen usw. Männern hingegen liegt es tendenziell eher, ihren Standpunkt durchzusetzen, was oft leider wirklich schon den kleinen Jungen beigebracht wird. Die nonverbale Kommunikation unterstreicht diese Ergebnisse: Frauen lächeln mehr, wenden sich der anderen Person mehr zu etc.

Mehr Selbstbewusstsein als Schlüssel zum Glück

Altersarmut

Die Anzahl der Frauen, die in Altersarmut geraten, ist im Vergleich zu ihren männlichen Pendants deutlich höher und hängt damit zusammen, dass gerade Hausfrauen und Mütter, die jetzt in den 50ern, 60ern usw. sind, oft kein Eigenkapital anhäufen konnten und sich in totaler Abhängigkeit von ihrem Mann befinden, was per se schon eine ungünstige Lage ist. Dies geht auch immer mehr Frauen selbst auf, die sich das Geld für einen Milchkaffee erst vom so genannten Familienoberhaupt erbetteln müssen... Die Scheidungsgesetzreformen, die zu Lasten der Frauen gefällt wurden, erschweren in besonderem Maße die Notlage derer, die im Alter von ihren Ernährern verlassen werden. Nicht selten werden sie gegen ein jüngeres Modell eingetauscht und mit einem Mindest-Pflicht-Betrag abgespeist, der nichts als ein Hohn ist. Dummerweise haben Frauen dieses Alters auch auf dem Arbeitsmarkt kaum Chancen, um sich ein bisschen was selbst zu verdienen...

Insofern, meine Damen – auch hier mehr Selbstbewusstsein! Darin liegt der Schlüssel zu den meisten Problemen, die mit dem Geschlecht einer arbeitenden/liebenden/etc. Person zu tun haben – viele Frauen lassen sich viel zu viel bieten, ohne die Stimme zu erheben. In der Tat hängt der große Unterschied bezüglich des Gehalts auch damit zusammen, dass Frauen schneller aufgeben und oder sich mit einer geringeren Entlohnung abspeisen lassen. In Italien beispielsweise sieht es nicht besser aus als bei uns. Dort liegen die aktuellen Zahlen bei 1.410 Euro im Durchschnitt für Männer, 1.103 Euro aber lediglich für Frauen![38] 300 Euro weniger?! Das kann nicht an der Leistung liegen. Viele Frauen haben leider ein (anerzogenes?) schlechtes Gewissen, fühlen sich unwohl, lange und hart zu feilschen, sind sich eventuell gar nicht sicher, so viel überhaupt zu verdienen (im doppelten Sinn!). Sich auf den Gerechtigkeitssinn der Chefs zu verlassen, bringt wenig, man muss seinen Wert schon kundtun und entsprechende Forderungen stellen. Andernfalls ist ein Entkommen aus der unterlegenen Position schwierig, was schon skandalös ist in einer Zeit, die großmäulig verkündet, Gender-Probleme überwunden zu haben.

---

[38] Vgl. *La Nuova*. 2.6.2012. S. 5.

Moritz von Schwind: Tristan und Isolde, vor 1871

5. Die Welt der Kultur

Frauenbilder in der Unterhaltungsliteratur

Sheila O'Flanagans Bestseller *All For You*[39] wird von unzähligen Frauen in ganz Europa gelesen. Welchen Einfluss haben Bücher, Filme, Zeitschriften usw. auf die eigenen Wünsche und das weibliche Selbstbild?

Chick Lit

»Chick Lit, das ist Literatur für das Huhn in der Frau – und für den Fuchs im Mann.« (Tobias Becker im KulturSPIEGEL online, 25.6.2012). »Chick Lit« bezeichnet unterhaltsame Literatur für Frauen, deren Protagonistinnen jung und scheinbar emanzipiert sind, aber trotzdem nur dem Einen nachjagen.

Sheila O'Flanagan ist eine irische Schriftstellerin, die zahlreiche Chick-Lit-Romane geschrieben hat, deren Heldinnen meist Frauen um die dreißig sind. Es wird dabei das typische Frauenbild der devoten, sich nur für Mode interessierenden, oft blond gefärbten Postfeministin geschildert. O'Flanagan bedient dabei oft Klischees zur Darstellung der heutigen Männer und Frauen. Die Protagonistinnen dürfen zwar eigene Entscheidungen fällen, nutzen diese Möglichkeiten aber in erster Linie dazu, sich um ihr äußeres Erscheinungsbild zu kümmern, den Traummann zu ergattern und mit diesem Familie und eventuell sogar Karriere unter einen Hut zu bringen. Für *All For You* erhielt die Autorin 2011 den *Irish Popular Fiction Book of the Year Award*.

---

[39] Sheila O'Flanagan: *All For You*. London 2011.

Auch die Schreiberin des Billig-Softpornos »Shades of Grey«, E.L. James, ist bereits Millionärin. *Shades of Grey*[40] »ist eine Art Arztroman ohne Doktor, aber dafür mit Doktorspielchen, und zwar harten. Die Sadomaso-Schmonzette scheint beim Publikum einen Nerv zu treffen«. (Anne Haeming im KulturSPIEGEL online, 5.7.2012). Eine 21-jährige brave Studentin unterwirft sich per Vertrag einem Millionär, der ihr sogar vorschreibt, wann sie aufs Klo gehen darf. Dieses Buch stammt aus der Kategorie *Mommy Porn* (Groschenhefte mit vielen, wenig aufregenden oder gar originellen Sex-Szenen). Das Rollenbild der Frau ist von vor-vorgestern. Schließlich hofft die naive junge Frau auf eine Beziehung mit mehr Nähe und Gefühl, was nicht sehr wahrscheinlich ist, wenn der Mann ein Sadist höchsten Ranges ist...

Warum Shades of Grey? Die große Frage nach dem *Warum* haben sich im Sommer 2012 schon viele Zeitungen, die das Buch besprochen haben, gestellt. Was gefällt Leserinnen daran, wenn sich ein naives Dummchen, JUNGFRAU, einem (natürlich älteren) Schwerverdiener unterwirft, der ihr von da an alles vorschreibt? Man denkt an den Marquis de Sade, der für seine Quälereien immerhin strafrechtlich verfolgt wurde und dessen Tagebücher die wenigsten Frauen begeisterten. Viele Dekaden später kommt nun eine Frau daher und schreibt in unbeholfenem Stil über devotes weibliches Verhalten, das ja ach so befreiend sein kann – sich um nichts kümmern müssen, ausgehalten wie eine Nobel-Nutte aus dem 19. Jahrhundert. Mit dem kleinen Unterschied, stets verfügbar und gehorsam (dieses Lieblingswort der SM-Szene...) sein zu müssen. In Amerika schlägt dieses Buch gerade wegen des gestrigen Rollenbilds (Frau als Diener des Mannes) ein, wegen der Prüderie, die gerade in diesem »Werk« in besonderem Maße bedeutsam ist: die 21-jährige Jungfrau muss immer ganz, ganz sauber sein. Sie lebt die konservativste aller Rollen mit Hingabe – im wahrsten Sinne des Wortes und stützt ein System, das für alle Frauen nur fatale Wirkungen entfalten kann. Nur ist sie viel zu dumm, das zu erkennen. Na bitte, dann soll sie sich eben fesseln und peitschen und benutzen und fremd bestimmen lassen! Keuschheit und Hygienewahn sind in den USA vielleicht wichtiger als bei uns im guten alten Europa, aber leider scheint das

---

40   E.L. James: *Shades of Grey*. München 2012.

Buch auch hier die Leserinnen anzusprechen. Eine mögliche Ursache, die die Kritiker, beispielsweise im SPIEGEL, zu äußern wagen, ist, dass die ach so emanzipierten Frauen von heute ein schlechtes Gewissen wegen all ihrer Unabhängigkeit haben! Die Schuldgefühle lassen sich dann angeblich wunderbar abbauen, indem man Unterwerfungsfantasien (nach)erlebt!

Man fragt sich natürlich, wofür man sich als Frau des Jahres 2012 schämen und schuldig fühlen soll? Vielleicht dafür, dass man nach wie vor viel mehr Arbeit im und außerhalb des Hauses verrichtet? Unbezahlt bzw. schlechter bezahlt? Dass man sich zum Großteil quasi allein um die Kinder kümmert? Dass man virtuell oder real betrogen wird mit Prostituierten und Porno-Darstellerinnen und und und? Dass man nach der Scheidung schlechter dran ist als zuvor, während 40% der Männer danach bessergestellt sind? Dieser letzte Aspekt hängt u.a. damit zusammen, dass auch das Scheidungsrecht dem *Backlash* unterliegt. Anti-Feministen scheinen in hoher Zahl vertreten zu sein, wenn es um gesetzliche Reformen geht. Manche Juristen favorisieren offenbar die Variante, die in manchen muslimischen Ländern existiert: Kaum hat ein Mann seine Frau als verstoßen erklärt, kann er sich als frei von jeglichen künftigen Verpflichtungen betrachten – und wenn die altgediente Ehefrau jahrzehntelang seinen Haushalt führte und seine Kinder erzog. Soll man sich schämen dafür, dass man alle Schuld prinzipiell auf sich nimmt? Dass man da sitzt mit einem Veilchen und mit gebrochener Nase und dann nuschelt »Meine Schuld, ich hab ihn provoziert!«? Dass man von einem Großteil der Unterhaltspflichtigen nie auch nur einen Cent sieht?

Angesichts dieser Liste, die bei Weitem nicht vollständig ist, kann man wohl eher davon ausgehen, dass sich viele Frauen einfach wiedererkennen in dieser Abhängigkeit und Unterwürfigkeit, die sie ihren Partnern gegenüber an den Tag legen, aus Furcht, diese supertollen Hechte zu verlieren...[41]

Schuldgefühle!?

---

[41] Ähnlich Bascha Mika: *Die Feigheit der Frauen.* S. 209–224.

Auch die Handlung des eingangs erwähnten Romans von Sheila O'Flanagan ist schnell erzählt: Wetterfee Lainey Ryan, 31, wünscht sich nichts sehnlicher, als im Brautkleid zum Altar zu schreiten. Dummerweise fühlt sich Freund Ken dadurch unter Druck gesetzt und verlässt sie. Aber Lainey hat zum Glück gleich drei Schultern, an denen sie sich ausheulen kann: zwei Freundinnen aus Kindheitstagen und ihre Großmutter Madeleine, bei der Lainey aufwuchs, nachdem Rabenmutter Deanna das schnuckelige Baby seinerzeit herzlos bei ihren Eltern in Irland zurückließ, um in den USA Karriere zu machen. Ken kommt zurück und nach mehreren hundert Seiten erkennt auch Lainey, dass er hauptsächlich den guten Sex vermisst. Erstaunlicherweise gibt daraufhin sie – das erste Mal in ihrem Leben – einem Mann, Ken, den Laufpass. Mittlerweile war sie auch schon einem potenziellen Ersatz, dem attraktiven Nachbarn Shay, nähergekommen. Mit ihrer Mutter schließt sie erst ganz am Ende einen wenig stabilen Frieden – nachdem diese endlich ihre weiche Seite zu entdecken scheint.

Deanna wird als typische Anhängerin eines völlig überholten Radikalfeminismus präsentiert. Jedes nur erdenkliche Klischee wird aufgefahren: Sie trägt kurzes graues Haar und interessiert sich im Gegensatz zu ihrer Tochter weder für Mode noch für Make-up. Dass sie wirklich wenig reizvoll wirkt, obwohl sie erst 50 ist, wird mehrfach betont. So wird ihre Frisur als zu kurz beschrieben. Abgesehen von ihrer äußeren Erscheinung hat Deanna kaum etwas Positives an sich und selbst ihr Erfolg, ihr Einsatz, ihre Durchsetzungsfähigkeit werden ihr negativ ausgelegt: Die »feminist bitch« (S. 334) ist ichsüchtig bis zum geht nicht mehr und setzt ihre Karriere über alles, selbstverständlich auch über ihre Tochter und ihre Mutter. Von Anfang an wird sie als kalte, hartherzige Frau dargestellt, die Männer laut eigenen Aussagen zwar nicht hasst, aber auch nicht wirklich schätzen kann. Zahlreiche andere Figuren des Romans werfen ihr außerdem genau den Männerhass vor, den sie stets abstreitet. Dennoch wird angedeutet, dass Deannas Glaubwürdigkeit in diesem Punkt nicht überbewertet werden sollte.

Wozu dieser ständige Kampf, soll sich die Leserin fragen, macht er Deanna wenigstens glücklich? Natürlich nicht. Dieser bitteren Erkenntnis muss sich die einsame Feministin stellen, als sie im Haus ihrer Mutter eben dieser Frage nachgeht. Folgerichtig bereut sie am Ende des Buches auch, sich nicht mehr und früher um ihre Tochter gekümmert zu haben, statt um eine Horde unbekannter Frauen (und eigentlich ja um ihre eigene Karriere). Die Zähmung der Feministin lässt sich auch an ihrer optischen Erscheinung zweifellos ablesen: Sie hat nun blondiertes Haar und trägt statt der ewig gleichen langweiligen farblosen Klamotten bunte Sachen, die sie in Paris erstanden hat. Lainey freut sich natürlich über so eine Mutter, wollte sie doch schon immer eine Mum wie die anderen Kinder, mit der man über Frisuren und Mode reden kann, die herumalbert und fernsieht. Zu schade, dass sie mit einer Mutter geschlagen war, die auf diese Rolle wenig Lust hatte, die auch auf unwichtige Äußerlichkeiten keine Lust hatte, sondern es vorzog, ihren Verstand zu benutzen und auf sinnvolle Dinge zu setzen.

Die Tatsache, dass die Feministin mittleren Alters so schlecht wegkommt, stimmt einen schon sehr traurig. Die Sympathieträgerin Lainey ist eine typische Postfeministin, der es um Konsum geht und um scheinbar freie Entscheidungsmöglichkeiten. Sie gibt sich wiederholt der Lächerlichkeit preis, indem sie Schuhe mit hohen Absätzen anzieht, obwohl sie nicht damit gehen kann, aber da sie komplett dem Modediktat unterliegt, bleibt ihr gar keine andere Wahl. Immer wieder wird breit geschildert, welche dringlichen Probleme die Heldin quälen: Welches Outfit ist zu der Gartenparty eines Kollegen anzuziehen? Welches Make-up, welche Frisur, welche Tasche, welches Parfum etc. etc. passen optimal dazu? Fragen über Fragen, auf die Lainey viel Zeit und Energie verschwendet. Neben der Oberflächlichkeit und ihrer Fixierung auf Äußerlichkeiten gibt es aber noch gravierendere Aspekte in der Darstellung dieser Figur, die zur Identifikation einladen soll: So spielt sie ihre eigenen beruflichen Erfolge die ganze Zeit herunter und legt eine extrem übertriebene Bescheidenheit an den Tag.

Das Idealbild der Postfeministin

Am schlimmsten ist jedoch die Tatsache, dass sie sich von Ken monatelang ausnutzen lässt: Er kommt vorbei, wann es ihm passt, geht davon aus, dass sie ihm jederzeit in jeder Hinsicht zur Verfügung steht, und lebt ansonsten sein egoistisches Leben, obwohl er von ihren Wünschen weiß. Sie lässt sich das nicht nur außerordentlich lange bieten, sie wendet sogar enorme Mühe auf, ihre eigenen Wünsche und Bedürfnisse zu unterdrücken. So liest man mehrfach, dass sie danach strebt, nicht zu anspruchsvoll zu sein, nicht zu viel zu erwarten und zu fordern, damit sie den jeweiligen Mann an ihrer Seite nicht vergrault. Schon ihre Beziehungen vor Ken verliefen offenbar nach eben diesem Muster: Sie bemühte sich konstant, ihren Wunsch nach inniger Gemeinsamkeit zurückzustellen oder sogar zu verheimlichen, weil sie befürchtete, ansonsten den Kerl in die Flucht zu schlagen. Statt sich über die Männer zu ärgern, die so wenig echtes Interesse an ihr zeig(t)en, wird immer nur ihr Bemühen gezeigt, sich anzupassen. Sie möchte ein perfektes Anhängsel werden, das auf ihre Individualität zugunsten der Beziehung – oder richtiger – zugunsten der Bequemlichkeit des Mannes »freiwillig« verzichtet. So unterwürfig und devot erleben wir leider unzählige »Heldinnen« in Büchern und Filmen des 21. Jahrhunderts.

Das postfeministische Frauenbild oder der *Backlash*

Infantilisierung
von Frauen

In den 1980er-Jahren erlebten wir das Ende der Girl Power (man beachte hier schon die Infantilisierung der Frauen!). Momentan werden prä-feministische Ideale und traditionelle Modelle einer patriarchalen Weiblichkeit – trügerischerweise als postfeministische Freiheit verpackt – den Frauen vorgeführt, in der (größtenteils leider berechtigten!) Hoffnung, sie ihnen andrehen zu können. Das »Post« in Postfeminismus signalisiert bereits, dass diese aktuelle Strömung nicht mehr viel gemein hat mit dem eigentlichen Feminismus, sondern ihn vielmehr als spaßfrei und überholt zurückweist. Jetzt geht es nicht mehr um den Kampf gegen Ungleichheit, Sexismus oder Rassismus. Es geht um die Perfektionierung des eigenen Körpers, die unter hohem zeitlichen, finanziellen und emotionalen Aufwand und unter teilweise äußerst brisanten Risiken (z. B. gesundheitlicher Natur) betrieben wird und die Frauen davon abhalten soll, sich wichtigerer Aufgaben anzunehmen. Die Sexualisierung der Kultur wird unhinterfragt hingenommen. Ebenso die Naturalisierung der Unterschiede der Geschlechter. Hauptsache, man kann konsumieren. Dementsprechend wird in dem jetzigen stereotypen, konservativen Feminismus-Verschnitt das privilegierte Vergnügen ein paar weniger Weißer als Erfolg und Patentrezept hingestellt. Protest und Politik sind hier nicht gefragt, man hat schließlich Wichtigeres im Kopf – die nächste Diät beispielsweise oder den Termin bei der Pediküre.

Schon 1991 stellte Susan Faludi den so genannten *Backlash* fest: eine Reaktion des Patriarchats auf erste tatsächliche Erfolge des echten Feminismus. »Geschiedene Männer zahlen lieber für ihr Auto, als für den Unterhalt ihrer Kinder.« Susan Faludi (geboren 1959), US-amerikanische Journalistin und Autorin, schreibt in ihrem Buch *Backlash* (deutsch: *Die Männer schlagen zurück*), das 1991 erschien und zu einem feministischen Klassiker wurde, dass ab den 1980-er Jahren herbe Rückschläge (»Backlash«) gegen den Feminismus zu beobachten seien. Zahlreiche Strategien sind festzustellen, u.a. die Diffamierung feministischer Pionierinnen und die Verbreitung negativer Klischees über Frauen, die nicht dem gewünschten, devoten Frauenbild der leicht Beherrschbaren entsprechen.

Susan Faludi: *Die Männer schlagen zurück*. Reinbek 1993.

LITERATUR

So leicht wollten sich die Herren nicht die Butter vom Brot nehmen lassen und schlugen zurück: Eine Maßnahme unter vielen perfiden Strategien bestand darin, den Feminismus in krass negativem Licht darzustellen. Alle seine Anhänger seien hässliche, alte, fette Lesben. Derartige Ungeheuerlichkeiten blieben – unfassbar, aber wahr! – oft unkritisiert und unwidersprochen. Folgerichtig werden solche Frauenfiguren in der Populärkultur, falls sie überhaupt auftauchen, am Ende des Filmes oder Buches gezähmt (wie beispielsweise Laineys Mutter) und im besten Fall als schrullige, zahnlose Tiger gezeichnet oder als unverbesserliche einsame alte Kühe.

So thematisieren viele Filme der 2000er-Jahre Generationenkonflikte, die stets zu Ungunsten der (meist nicht gerade verlässlichen) Mütter ausgehen. Die junge, schnuckelige Tochter jedoch ist jeder*manns* Liebling, im fetischistischen Kostüm, die dem männlichen Auge und Herz schmeichelt. (Sogar die wenigen Quotenlesben, die immer wieder über die Mattscheibe flimmern, sind wenig realitätsnah: durch besonders »weibliche« Kostüme (z. B. Miniröcke etc.) wird die »Lesbe« heterosexualisiert und außerdem de-homosexualisiert, da »echte« Körper- und Sexualpraktiken von Lesbierinnen kaum explizit gezeigt werden. Immer noch haftet ihnen zudem etwas Abweichendes an. Lesbisch zu sein ist offenbar für viele Produzenten vergleichbar damit, arm, schwarz, krank oder anderweitig nicht »normal« zu sein.)

Wie bedrückend oder eher erdrückend die Standards für weibliches Aussehen sind, hat schon Mary Daly herausgefunden, die von kolonisierten Frauenköpfen spricht. Man hat also den Frauen erfolgreich eingetrichtert, wie sie sich herzurichten und zu benehmen haben, um den Männern zu gefallen. »Wenn eine Frau zur Realität durchdringt, lernt sie ihren Zorn kennen, und das heißt, sie ist bereit, zu handeln.« Mary Daly, (1928–2010), radikalfeministische amerikanische Philosophin, Theologin und Schriftstellerin, war der Ansicht, dass eine Umkehr der Rollen wünschenswert sei: Frauen sollten in Zukunft die Männer beherrschen.

LITERATUR

Mary Daly: *Gyn/Ökologie. Eine Metaethik des radikalen Feminismus.* München 1991.

Marlies Fröse: *Utopos – kein Ort. Mary Dalys Patriarchatskritik und feministische Politik.* Bielefeld 1988.

Frauen werden in ihren Augen viktimisiert, d.h. zu Opfern gemacht, und dehumanisiert, d.h. man beraubt sie ihrer Menschlichkeit, indem man sie auf ihren Körper reduziert. Diese Falle ist kulturell und sozial konstruiert und funktioniert leider sehr gut. Heute würde scheinbar niemand mehr zu so radikalen Mitteln greifen wie in den USA im Jahr 1968: Anlässlich der Miss-Amerika-Wahl zog eine Teilnehmerin ein Spruchband aus ihrem Badeanzug mit der Aufschrift: »Schönheitswettbewerbe schaden allen Frauen.« Utensilien wie der Badeanzug wurden in die »freedom trash can« (Mülltonne, in die gehört, was die Freiheit der Frauen bedroht) getreten, man sprach von »female torture« (Frauenfolter)!

Frauenbilder in der italienischen Literatur

Dieses Phänomen beschränkt sich auch nicht auf Deutschland, die USA oder Großbritannien. Auch in Italien geht der Trend in die gleiche Richtung. Bestes Beispiel ist der Bestseller-Autor Federico Moccia, der in viele Sprachen übersetzt wurde und dessen Romane auch verfilmt vorliegen. Dabei handelt es sich natürlich nicht um intellektuell anspruchsvolle Lektüre, sondern um Trivialliteratur, die seit jeher schöne Heldinnen mit gut aussehenden, erfolgreichen Männern belohnt.

Neu ist nur der postfeministische Touch, die Wiedervermarktung prä-feministischer Ideale im Gewand eines Pseudofeminismus. So stellt auch Moccia seine fast ausschließlich jungen hübschen Frauenfiguren in einer Art und Weise dar, die dem Stil der irischen Autorin O'Flanagan schon sehr ähnlich ist: Stets modebegeistert und pro forma an irgendeiner Art Schule oder Job interessiert, verbringen seine Heldinnen den Tag vor allem mit zwei Dingen – dem Geld ausgeben (zu beachten ist, dass in der heilen Konsumwelt Moccias die Frauen immer das neueste Modell einer Markensonnenbrille tragen, dass die Männer das aktuellste Modell eines Autos fahren usw.) und der Jagd nach dem Richtigen. Ganz klar, dass nette, harmlose Verwicklungen und Problemchen auftreten, die kurzfristig für einen Aufschub sorgen, die aber leicht beseitigt werden, damit am Ende das Ideal gefeiert werden kann: eine postfeministische junge Frau, bis an die Zähne gestylt, die sich interesse- und kritiklos dem Konsum hingibt. Das Wagemutigste sind hier Ausflüge an den Strand, spontane Urlaubsreisen in eine – natürlich romantische – Stadt im Ausland und Restaurantbesuche, die das Idealgewicht der Heldin massiv bedrohen. Weibliche Abenteuerlust wird für gewöhnlich auf einen kurzen Verzicht aufs alltägliche qualvolle Kalorienzählen beschränkt. Dazu passt das Verhalten in Bezug auf Männer, die Beute, der das ganze Buch lang hinterhergehechelt wird.

Vermarktung eines Pseudofeminismus

Eins der zahllosen Beispiele ist Carolina, die dreizehnjährige Heldin in Moccias Roman *Amore 14*, der 2008 erschienen ist. Sie versteht nicht, wie eine Frau einen jüngeren Mann interessant finden kann. Ebenso wenig versteht sie, warum jemand – ein Mann – die von ihr als hässlich

Amore 14

eingestufte Klassenkameradin Paola toll findet. Den etwas zweifelhaften Überraschungen ihrer männlichen Bekannten ist sie erstaunlich wehrlos ausgeliefert und zwei Mal wird sie gegen ihren Willen geküsst. Sie lässt sich folgsam wie ein Kind an der Hand nehmen und in dunkle Gänge ziehen. Dass ihr Kumpel Filo zu ihr sagt, sie solle sich nicht anstellen, nach dem Kuss könnten sie ja wieder Freunde auf Augenhöhe sein, wird von ihr nicht kritisiert (natürlich auch nicht vom Erzähler). Carolina ist wie Lainey: sie akzeptiert frag- und klaglos das zu beanstandende Benehmen der Männer, mit denen sie in Kontakt ist. Ein wunderbares Beispiel für gefordertes weibliches Verhalten ist Caros Reaktion auf den Pornokonsum ihrer Kumpanen – kein Wort der Kritik, sondern scheinbare Überlegenheit durch die Antwort: Ach so, diese Ausgabe der besagten Zeitschrift kenne sie schon. Frau wirkt cool, indem sie noch aktuellere/härtere Pornos konsumiert als die Männer, so die implizite Botschaft. Also Frauen, reißt euch zusammen! Nur so vergrault man die Typen nicht! Die kritiklose Haltung Carolinas zieht sich durch den gesamten Roman. Grundlos bewundert wird der große Bruder, mit der Schwester kommt sie natürlich weniger aus. Da überrascht es doch fast, dass sie mit ihrer Mutter kaum Probleme hat... Silvia, 41, lebt für ihre Kinder. Ein Modell, das Moccia gerne für Frauen jenseits der magischen 40 bemüht. Was bleibt ihnen denn auch sonst noch, scheint er zu fragen. Sie können in diesem Alter froh sein, einen guten Mann gefunden und Kinder bekommen zu haben, damit ihr Leben einen gewissen Sinn behält, auch wenn sie nicht mehr ihre Hauptfunktion – Männern gefallen – erfüllen können. Erstaunlich ist außerdem, dass Carolina, obwohl sie nichts tut, außer mit ihren zwei Freundinnen einzukaufen und Eis zu essen sowie mit Jungen/Männern herumzuflirten, die sie ansprechen, immer wieder als lustig, kreativ und frei bezeichnet wird. Dabei langweilen die Lesenden die Berichte und Beobachtungen des Mädchens zu Tode, es sei denn, man interessiert sich wie sie für die Outfits von Tennisstars oder Musikern. Klassiker wie ihr Klamottenwechsel, nachdem sie in unauffälligen Sachen die elterliche Wohnung verlassen hat, fehlen natürlich auch nicht. Sie geben sogar Stoff ab für leidlich lustige Episoden: Carolina befürchtet, im Lift einen Nachbarn zu treffen, als sie sich gerade dort für eine Party umzieht. Weg mit Hose und Schuhen, rein ins kurze Röckchen, dazu

Stiefel. Vorgeblich geht es darum, sich auf der Tanzfläche gut zu fühlen, aber warum schafft sie dies nur in aufwändiger, übertriebener Aufmachung? Warum braucht sie den männlichen bestätigenden Blick? Sogar als es darum geht, mit einem von ihnen Schluss zu machen, rennt sie zuerst hektisch ins Bad, um sich zu schminken. Warum freut sie sich so sehr über jede winzige Aufmerksamkeit, die ihr diese Typen zu Teil werden lassen?

Carolina, Lainey und wie sie alle heißen, haben ausnahmslos ein geringes Selbstwertgefühl, das sie zu Abhängigen macht. Sie sind Gefangene ihrer eigenen Ängste und ideale Opfer der gesellschaftlichen Zwänge, des Modediktats und all der anderen mehr oder minder subtilen Handlungsanweisungen, die Frauen befolgen sollen, wenn sie »Erfolg« oder einen »tollen« Mann haben wollen. Carolina, die gerade erst zur Frau wird, die von ihrem 14. Geburtstag träumt, ist in gewisser Weise noch schlimmer als Lainey, was wohl auch damit zu tun hat, dass sie das Geschöpf eines männlichen Autors ist, dem es nicht immer gelingt, hundertprozentig authentische Töne zu finden für einen Teenager. Oder aber es gibt sie wirklich, die Dreizehnjährigen, die *Saw 1–4* super finden und jegliche Empathie entweder verloren haben oder schon so erfolgreich domestiziert wurden, dass sie nur noch kritiklos nachplappern, was ihnen ältere Männer vorgeben.

Opferfiguren

Saw 1–4 sind Horror- bzw. Splatter-Filme. Der erste Film hatte noch den Anspruch, die Abgründe der menschlichen Psyche zu erforschen, indem er einen Menschen vor die Wahl stellt zu sterben oder sich etwas abzuschneiden. Die Fortsetzungen setzten nur noch auf den Kick, nicht nur das Blut spritzen zu sehen, sondern dabei die Darsteller auch noch psychisch zu quälen. Für Menschen, die sich mit den Opfern identifizieren können und deswegen die Filme mit einem Funken Empathie ansehen, kann man nur das Abschalten empfehlen. Man stellt sich aber tatsächlich die Frage, was die Zuschauer so prickelnd am Quälen von anderen Menschen finden und was nach dem Konsum hängen bleibt. Inzwischen kann man auch in Computerspielen das Gesehene nachspielen und nur hoffen, dass die Konsumenten nicht Lust haben, das Ganze mal real zu erleben, genauso wie die Pornokon-

Horror und Splatter

sumenten. Geht man nach der Logik des Textes, wäre es durchaus drin, dass Carolina von ihrem großen Bruder oder einem der (pädophilen?!) Kerle, die sie datet, von den Horrorfilmen gehört und selbstverständlich deren Wertung übernommen hat...

Im Zentrum:
die Lust des Mannes

Eine weitere »Heldin« des Romans ist die vierzehnjährige Alice, genannt Alis, deren Freund 21 Jahre alt ist. Das Entsetzliche daran ist, dass sich Carolina schlecht fühlt, weil sie diesen Abstand auch nur für den Bruchteil einer Sekunde für bedenklich hält. Sie bezeichnet sich als Spaßbremse und gelobt Besserung. Dementsprechend lässt sie sich auch gerne von der Freundin belehren, was den Umgang mit männlichen Körpern betrifft. Es geht darum, was IHN besonders geil macht, nicht etwa darum, was ihr selbst Spaß machen könnte. Es geht darum, was ER von ihr erwartet oder erwarten kann. Falls sie es nicht bringt, gibt es ja noch genügend andere willen- und selbstlose Mädchen, derer er sich bedienen kann. Carolina lässt sich noch gegen Ende des Romans ein weiteres Mal zu einem Date drängen, an dem sie kein Interesse hat. Wieder wird sie geküsst, obwohl der betreffende Kerl nach Zwiebeln stinkt! Sie schwört sich immerhin, dass dies das letzte Mal sein wird, dass sie sich breit schlagen lässt. Interessant ist in diesem Zusammenhang, dass sie Angst hat, Nico (aka Zwiebelfresse) könne glauben, sie wolle ihn nur wegen seiner Eltern nicht treffen. Diese betreiben die örtliche Tankstelle. Dennoch bleibt beim Leser der unangenehme Beigeschmack haften, dass dieser Aspekt schon eine Rolle spielt: Caro hat bereits Visionen von sich selbst, ein Auto schrubbend und schaudert beim bloßen Gedanken daran. Dass nur einer aus der arbeitenden Schicht so schlecht erzogen ist und Zwiebeln isst, bevor er sich einem Mädchen nähert, passt ebenfalls ins stockkonservative Weltbild Moccias, das nur in einem Punkt progressiv/»modern« ist: Frauen dürfen sich auch – im Rahmen – ein bisschen ausprobieren, in frühen Jahren und stets zum Vorteil der Männer.

Zum Glück, denkt man, gibt es noch anspruchsvolle Autoren wie Niccolò Ammaniti (geboren 1966) in diesem Land, das jahrelang ein Staatsoberhaupt wie Berlusconi ertragen musste. Angesprochen auf hohe Vergewaltigungszahlen, erwiderte dieser allen Ernstes: Tja, italienische Frauen sind eben einfach zu schön! Dass er sich selbst – immerhin 70-jährig – regelmäßig 17-jährige Nordafrikanerinnen »bestellte«, steht wohl auf einem anderen Blatt. Ebenso die Tatsache, dass unter seiner Regierung die Anzahl der Gewalttaten gegen Frauen sprunghaft in die Höhe schnellte. Frauen galten Berlusconi als Objekte, wie beispielsweise die Gewerkschaftsführerin Susanna Camusso bestätigt.[42]

Von Ammaniti, einem Schriftsteller, der den *Premio Strega* erhalten hat, eine sehr hohe literarische Auszeichnung, könnte man also mehr erwarten. Tatsächlich stellt er seine männlichen Hauptfiguren durchaus differenziert dar, aber gerade in seinem bekanntesten Roman, *Come dio comanda* (deutsch: *Wie es Gott gefällt*. Frankfurt am Main 2010.), kommen dann praktisch keine Frauen vor! Eine Ausnahme ist das (natürlich) junge Mädchen, das einer der Protagonisten überfällt. Einer der anderen »Helden« reduziert Frauen ebenfalls auf Wichs-Vorlagen, die er daheim auf seinem Bildschirm einfriert. In *Ti prendo e ti porto via* (*Ich bringe dich fort von hier*) gelingt es Graziano, dem alternden Gigolo im Zentrum der Story, nicht, sich dem Charme von Erica zu entziehen, die er in einer Disco als Gogo-Tänzerin gesehen hat. Diese stylt sich zu einer von Kopf bis Fuß unechten Puppe, die wenig zu bieten hat außer ihrer Plastikoptik. Graziano zieht sie sogar einer Frau vor, die eine echte Persönlichkeit verkörpert, die ebenfalls schön ist und jünger als der Held – eine nicht schöne und junge Freundin wäre gar nicht vorstellbar! Es trifft sie der Makel einer gewissen Intellektualität, denn sie arbeitet als Lehrerin und verunsichert Graziano in gewissem Maße. Flora, so ihr Name, tötet sich am Ende selbst – ein Dasein ohne Graziano ist doch nichts wert...

Ti prendo e ti porto via

Wenn dies die Alternative ist zu Moccias Barbie-Welt, fragt man sich, was man als Frau lesen kann, ohne sich in hohem Maße und auf ganzer Linie verarscht zu fühlen. Man erinnere sich an die Sendungen des Literarischen Quartetts, als Sigrid Löffler, die einzige Frau in der Runde, diesen Gedanken zum Ausdruck brachte und sofort Schimpf und Häme von den anwesenden Männern und Kritikern erntete: Eine »dumme, alte Kuh« sei sie, die von »Erotik« eben keine Ahnung (mehr)

---

[42] Vgl. La Repubblica, 4.6.2012, S. 43.

habe. Sie hatte sich erlaubt, ein Buch zu kritisieren, in dem von *hirnlosem Durchvögeln, bis sie nicht mehr könne* die Rede war...

Gibt es Alternativen?

Eine Lösung liegt mit Sicherheit in den Büchern Andrea de Carlos (geboren 1952 in Mailand), der Frauen als Persönlichkeiten darstellt, die mehr im Sinn haben, als ihr Aussehen zu optimieren. Im Gegenteil, in seinen Werken liest man immer wieder im Rahmen einer allgemeinen Gesellschafts- und Kulturkritik von dem Widerwillen, den ein Romanheld angesichts einer x-fach gelifteten, blondierten, solariumbraunen Möchtegern-Femme fatale empfindet. Als Alternative einfach Bücher von weiblichen Autoren zu empfehlen, bietet sich leider nicht pauschal an, wie man am Beispiel Sheila O'Flanagans sehen konnte, obwohl es natürlich geniale Romane wie Fay Weldons *Die Teufelin* gibt, die schon vor vielen Jahren vor dem Druck warnt, den »Schönheitsoperationen« ausüben können und eines Tages auch werden – traurigerweise hat sie recht behalten.

»Men are irrelevant.« Fay Weldon (geboren 1931) schreibt seit vielen Jahren amüsante, bissige Romane über Frauen. Nicht nur über die jungen und privilegierten, sondern auch über ganz normale Frauen jeden Alters und deren Probleme. Dabei lotet sie mit schwarzem Humor Abgründe aus, die in keinem Chick-Lit-Roman auch nur angesprochen werden...

Fay Weldon: *Spa-Geflüster* (»*The Spa decameron*«). München 2010.

Die Heldin des Buches lässt sich komplett umoperieren und was für Weldon eine Utopie oder eher Dystopie ist, trifft uns heute, circa zwei Jahrzehnte später, als grausame Realität. Das Normale wird zur Provokation – wo kann die nicht »restaurierte« ältere Frau, die sich vielleicht sogar auch noch die Haare *nicht* färbt, noch auf die Straße gehen, ohne gefragt zu werden, wann sie denn mal etwas machen lassen werde? Wann sie diesen unmöglichen Gammel-Look zu ihrem eigenen Vorteil über Bord werfen werde? So erging es zu Beginn der Heldin der *Teufelin*, die für ihr wenig ansprechendes Äußeres permanent gebrandmarkt wurde.

»Traumfrau«: Jung und Barbie-Maße

Was die 1943 geborene Journalistin Barbara Alberti für Italien feststellt, gilt leider für ganz Europa (für die USA natürlich ebenso): Als alternde Frau wird man oft lächerlich gemacht – egal, ob man »etwas machen« lässt oder nicht! Ihr mit Galgenhumor geschriebenes Buch *Riprendetevi la faccia* (*Holt euch euer Gesicht zurück*) fordert in der Einleitung alle Frauen auf, sich mit 50 zu erschießen.

Holt euch euer Gesicht zurück!

Alberti deckt die Welle der Selbstzerstörung auf, die eine Menge Frauen erfasst hat, und ruft dazu auf, mehr Selbstbewusstsein zu entwickeln und nicht alles zu investieren und zu riskieren, um sich zu einem scheinbar jugendlicher wirkenden Modell zu machen. Zu einer Person, die keinerlei Freiheit mehr genießt, sondern sich in einer ganz modernen Form der Sklaverei wiederfindet, die aufgrund ihrer subtilen Wirkungsweise besonders gefährlich ist und bereits viel zu viele Frauen in ihren Klauen hat. Alberti zitiert den italienischen Philosophen Gianluca Nicoletti, der mit dem Ausspruch berühmt wurde »La plastica è il nostro burqa« (Die plastische Operation ist unsere Burka), womit er den Nagel auf den Kopf trifft. Dabei kann man die Burka wenigstens noch ausziehen, sie gefährdet nicht die Gesundheit der Frauen, die sie tragen (müssen).

Alberti und zahlreiche andere Autorinnen halten fest, dass die Ungleichheit von Frauen und Männern nicht nur im OP-Zwang besteht, sondern auch in vielen anderen Aspekten. Zentral ist beispielsweise das Alter: Ist ein 40 Jahre alter Mann gerade mal im besten Alter, so gilt eine gleichaltrige Frau schon als betagte Schachtel. Dementsprechend auch die Reaktion auf jüngere Partner: eine Frau, falls ihr das Kunststück überhaupt gelingt, kann sich der Lächerlichkeit gewiss sein, ein Mann wird beneidet und bewundert. Hugh Hefner, 86, heiratet eine exakt SECHZIG Jahre jüngere Frau und dies wird nicht negativ – kommentiert – im Gegenteil! Gleichaltrige Frauen, selbst die wenigen reichen, finden entweder gar niemanden oder bestenfalls einen Pflegefall im ähnlichen Alter. Und auch das nur, wenn sie sich krampfhaft jugendlich zu halten versuchen! Der Teufelskreis schließt sich...

Jugend und Schönheit

Wichtig wäre natürlich, Jugend und Schönheit zu entkoppeln. Es kann nicht sein, dass ein grauhaariger Mann in den Vierzigern oder Fünfzigern als interessant und distinguiert gilt, während eine gleichaltrige Frau selbst mit gefärbten Haaren und geliftetem Hals als alt und »verbraucht« entwertet wird. Die Normen macht stets der Mann. Wer legt fest, welche Frau als »noch begehrenswert« gesehen wird? Schon unsere Sprache produziert Normen, die Frauen zu Objekten machen, indem man sie rein nach dem körperlichen »Verfallsdatum« einstuft.

Reproduktion und Sexualität

Ein weiterer wichtiger Punkt ist die Trennung von Reproduktion und Sexualität. Da dies in unserer Kultur so gut wie nicht geschieht, verfallen viele Frauen in den Wechseljahren in Panik – verständlicherweise zwar, werden sie ja als wertlos und uninteressant hingestellt – aber äußerst bedenklich, denn der Schritt zum Jugend- und Schönheitswahn ist klein und vom Patriarchat gewünscht, sodass kein Entkommen auf diese Weise möglich ist.

Die Kultur beschränkt sich nie nur auf die Imitation oder Reflexion von Geschlechterrollen, sondern sie ist auch an ihrer Produktion maßgeblich beteiligt. Auf einer Bühne oder Leinwand, auf einem Bildschirm oder auf einem Hochglanzbild könnte man neben den scheinbaren Idealen der Zeit auch kritische Auseinandersetzungen erstrahlen lassen. Leider ist dies in weiten Teilen der Populärkultur nicht mehr der Fall. Ganz im Gegenteil, ein immer gleiches Ideal wird den Zuschauern vor Augen geführt. Dies gilt nicht nur für die »erforderliche« optische Erscheinung, sondern auch für das Verhalten des oft sehr jungen Publikums. Da muss man gar nicht erst den kanadischen Psychologen Albert Bandura und seine Theorie des sozialen Lernens bemühen, die besagt, dass man das Benehmen von beobachtbaren Modellen nachmacht. Man lese einfach Aussagen von Teenagern wie

»Nicht gegen Dieter Bohlen sprechen«, die aus DSDS und Germany's Next Top Model vor allem eines lernen – zu kuschen.[43]

Rollenverständnis im Film

Dass der heterosexuelle weiße Mann der »Mittelschicht« die Norm ist, bestreiten die wenigsten. Er ist das Subjekt, die Frauen sind in der Regel Objekte, über deren Wert er entscheidet. In ganz besonderem Maße gilt das für die Welt des Films, die ja die Schaulust (= Skopophilie) bedient. Natürlich tummeln sich in ihr im Durchschnitt mehr attraktive Menschen als in unserer Umgebung, aber dass vor allem die Frauen nur nach ihrem Aussehen – und in Folge dessen logischerweise! – nach ihrem Alter bewertet werden, ist doch eine extrem ärgerliche Schieflage. Erklärbar ist dies unter anderem dadurch, dass so wenig Frauen hinter den Kulissen tätig sind und deren Zahl stetig ab- statt zunimmt! So gab es 1998 noch mehr Produzentinnen als 2009, als es nur noch 16 Prozent waren. Kein Wunder, dass die Theorie von Laura Mulvey immer noch Gültigkeit hat, die herausgefunden hat, dass Frauen im Kino zum größten Teil lediglich passive Objekte für den männlichen Blick sind. Egal wie aktiv sie im Film pro forma auch sein mögen. Die Film- und Medienwissenschaftlerin hat bereits 1975 *Visual Pleasure and Narrative Cinema* veröffentlicht, worin sie die ständige Ausgesetztheit des weiblichen Körpers thematisiert. Die Skopophilie, der Voyeurismus des männlichen Zuschauers wird bedient.

Männliche Schaulust

»Women are erotic objects for the characters and for the spectators«. Laura Mulvey (geboren 1941) ist britische feministische Filmtheoretikerin, mittlerweile Professorin am Birkbeck College in London. In den 1970-er Jahren revolutionierte sie die Filmwissenschaft, indem sie patriarchale Strukturen in Filmen aufdeckte und auf den die Frauenkörper fetischisierenden Blick vieler Männer aufmerksam machte.

Feministische Filmkritik

---

[43] Vgl. Hajok/Selg/Hackenberg: *»Auf Augenhöhe?« Rezeption von Castingshows und Coachingsendungen.*

LITERATUR

Laura Mulvey: *Visuelle Lust und narratives Kino.* In: Liliane Weissberg (Hg.): *Weiblichkeit als Maskerade.* Frankfurt am Main 1994. S. 48–65.

De facto geht es in den meisten Filmen immer nur darum, wie die Frauen *aussehen*, was man gut an scheinbar fortschrittlichen Frauen der Hollywood-Streifen erkennen kann, die als *action babes* in enge Outfits gezwängt die halsbrecherischsten Manöver so überstehen, dass das perfekte Make-up danach immer noch aussieht wie zuvor! Wie übrigens auch im Videospiel *Tomb Raider*, wo der Spieler seine Domina-Gelüste ausleben kann, indem er eine Figur, die dem misogynen Schönheitsideal entspricht, in Aktion treten lässt. Wenn die Action babes verletzt werden, dann allenfalls geringfügig und natürlich wird das Aussehen dabei nicht entstellt. Die Forschung stellt fest, dass auch und gerade diese Frauenfiguren in hohem Maße sexualisiert daherkommen und optisch ihre absolut traditionelle Weiblichkeit feiern.[44]

Weiße Normfrauen

Dazu passt, dass auch Klassenschranken oder Hierarchien aufgrund der Hautfarbe nicht angetastet werden. Es sind die weißen Mittelstandsfrauen, die beispielsweise als Profiler (wie in der gleichnamigen US-Serie, 1996–2000) unterwegs sind, sich für Mode und Celebrities interessieren, die sich einer Selbsthilfe-Rhetorik bedienen, die die echten Probleme wirklicher Frauen verhöhnt. Sie geben sich der Jagd auf einen männlichen Verbrecher hin, dessen Taten sie zu verstehen suchen. Auch in diesem Genre entsteht wieder eine wenig außergewöhnliche erotische Spannung zwischen weiblicher Ermittlerin und männlichem Serientäter. Die erfolgreichen Frauen dieser Filme und Serien haben »dafür« Probleme im Privatleben und sind häufig Single. Beides, so wird es dem Publikum suggeriert, geht halt eben doch nicht – für Frauen.

Bestes Beispiel für diese Ideologie ist der Film *Der Teufel trägt Prada* (2006). Die ältere Frau ist ein feministisch angehauchtes Monster, das nur sich selbst und ihre Karriere im Kopf hat. Ganz anders erscheint die jüngere Frau, die wie so viele Heldinnen aus Büchern und Filmen des 21. Jahrhunderts ihr Glück in der romantisch verklärten he-

---

[44] Vgl. Waters: *Women on Screen. Feminism and Femininity in Visual Culture.*

terosexuellen Beziehung sucht. Zu viel Unabhängigkeit ist auch nicht das Wahre, so die eigentliche Botschaft. Schon immer wurden gerade sehr junge Frauen im Film als Lolitas präsentiert, als High-School-Schlampen, in denen sich Sexualität, Jugend und Kriminalität zu einer unguten Melange vermischen. Sie sind patriarchale Objekte, die zu haben sind für den jungen oder auch älteren Mann, deren leider *einzige* Macht in ihrem Aussehen liegt. Diese Darstellung lässt völlig außer Acht, dass solche Mädchen in der Realität nach wie vor mit der herrschenden Doppelmoral konfrontiert sind: Was einen Jungen cool macht, drückt ein Mädchen auf Schlampenniveau.

Gemäß der Maxime, dass es in erster Linie um die äußere Erscheinung der Frau geht, kommen auch Phänomene, die im Alltag häufig sind – beispielsweise Brillen – ungemein selten vor. Nur ohne eine solche kann die Frau ein Spektakel für den Mann sein. Ansonsten wird das Klischee der reizlosen Intellektuellen hervorgekramt. Dieses Klischee erfüllt einen äußerst wichtigen Zweck: das aktive Schauen, das dadurch von einer Frau ausgedrückt wird und somit beim Mann nicht gut ankommt, soll zunichte gemacht werden. Denn der männliche Blick soll unangefochten bleiben. Sonst ginge der Mythos des Schöpfers verloren, der sichtbare (Film-)Welten schafft, indem er die darin vorkommenden Frauen zu Objekten macht und sie so seiner Kontrolle unterwirft. Der Körper der Schauspielerin wird fetischisiert. Nicht nur durch die bewusst sexualisierte Aufmachung/Kostümierung, sondern auch darunter: Wer kennt schon eine noch nicht operativ »verbesserte« Darstellerin?

Neben Laura Mulvey ist auch Teresa de Lauretis eine wichtige Filmtheoretikerin, die Geschlecht als Repräsentation versteht. Diese Repräsentation sei reine Konstruktion. Sie behauptet außerdem, subversiver Genuss sei auch für Frauen im Publikum trotz allem möglich, wobei das angesichts einer umwerfenden Anzahl platter sexistischer Darstellungen schon einem Kunststück gleicht.

Die Film Studies verdanken wir den Cultural Studies, in denen es allgemein um kulturelle Erzeugnisse geht. Zentrale Erkenntnisse bein-

Der Voyeurismus
der Filmbranche

halten, dass in der Regel der männliche Filmheld die Handlung voran-
treibt, die Frau aber durch Nahaufnahmen, die besonders auf sexuell
relevanten Körperteilen verweilen, fragmentarisiert, also in ihre Einzel-
teile zerlegt wird. Der eklatante Voyeurismus der Filmbranche begünstigt eine derartige Darstellung der Frauen, die an Entwürdigung grenzt
und sich somit nur noch graduell von der Pornografie unterscheidet.
Dass schwarze Frauen noch mehr unter sexistischen Präsentationsfor-
men zu leiden haben als weiße, ist hinlänglich bekannt und wurde von
Seiten afroamerikanischer Forscherinnen mehrfach angeprangert. Die
Frau bleibt im Film Blickobjekt, ganz selten nur werden auch Männer
auf diese Art und Weise gezeigt. Wenn manche postmoderne Film-
theoretikerinnen vorschlagen, sich den männlichen Blick als Frau an-
zueignen und somit die gezeigte Weiblichkeit des Films zu genießen,
zeigt dies nur, dass man sie erfolgreich dazu gebracht hat, an der Zele-
brierung ihrer eigenen Unterwerfung mitzuwirken, statt sich aufzuleh-
nen und eine radikal andere Darstellung von Frauen zu fordern. Oder
diese selbst zu kreieren, wie dies progressive Regisseur*innen* außerhalb
des Mainstreams bereits tun. Das Internationale Frauenfilmfestival in
Dortmund bietet Beispiele hierfür.

Traumfigur auf Rezept

Eine Kehrseite des
Postfeminismus

Die Populärkultur ist durch und durch postfeministisch: Man hat
doch schon alles als Frau, oder nicht? Geld, Freiheit und Erfolg. Ich
konsumiere, also bin ich. Dieses Motto des Postfeminismus vergisst,
was der echte Feminismus geleistet und errungen hat. Er ignoriert,
dass Selbstbestimmung mehr ist als die Möglichkeit, den eigenen Körper in die »gewünschte« Form zu pressen, und leugnet, dass es nach
wie vor erhebliche Schwierigkeiten für Frauen in dieser Welt gibt, die
ausgeräumt werden müssen. Aber wer soll diesen Kampf fechten, wenn
sich junge Kinogängerinnen lieber mit ihrem Körper beschäftigen?
Wenn sie die schreckliche Ideologie kaufen, dass es jetzt so einfach ist,
schön zu sein, ein paar Euro locker zu machen und dem »Traumbusen«
steht nichts mehr im Weg. Die Populärkultur stellt Schönheitsoperationen als normal hin, was sie nicht sind, was sie nicht sein sollten, wenn

uns etwas liegt an wirklich selbstbestimmten Individuen, die sich nicht nur dann gut und wertvoll fühlen, wenn sie einer abstrakten Norm entsprechen.

Ein großes postfeministisches Missverständnis ist es, in für alle erschwinglichen OPs die Befreiung zu sehen. Tatsächlich erzwingen sie jedoch nur (noch mehr) Konformität und Anpassung(sdruck). Das Selbstwertgefühl vieler Frauen macht sich an der Hautoberfläche fest. Es ist ihnen so wichtig, wie sie aussehen, weil so wenig zählt, was sie sagen. Da reichen auch ein paar Ausnahmen pro Sparte nicht, die sowieso meistens nur die klassische Feigenblattfunktion erfüllen. Man darf nicht vergessen, dass Schönheitschirurgen oft von der Kosmetikindustrie gesponsert werden. Außerdem wollen sie den privilegierten Status des eigenen Geschlechts um jeden Preis erhalten. Medien und Broschüren spielen oft herunter (falls sie sie überhaupt erwähnen!), welche Risiken man beispielsweise bei einer Brust-OP eingeht: Die Krebsfrüherkennung wird erschwert, Narben bleiben zurück, das Implantat wird hart und oder sickert ins Körpergewebe aus, wodurch das Immunsystem negativ beeinflusst wird. Schlimmstenfalls erleidet das Opfer einen toxischen Schock. Die Empfindungsfähigkeit der Brustwarzen sinkt, was somit der (freiwilligen?!) sexuellen Verstümmelung gleichkommt! Ganz zu schweigen von der wochenlangen Genesungszeit, den allgemeinen Risiken, die jede OP mit sich bringt, die hohen Kosten oder die oftmals unklare Qualifikation der Operateure...In den Werbeprospekten wird von weiblichen Brüsten als eine Art Gebrauchsgüter gesprochen, die man nach (männlichem) Belieben modellieren könne. Daher gibt es auch verstellbare Implantate, die die Trägerin dem Geschmack des jeweiligen Partners anpassen kann!

Aber nicht nur Brust-OPs werden von der Presse und den durchführenden Ärzten verharmlost, auch Faceliftings haben Nebenwirkungen, von denen man seltsamerweise nicht oft liest oder hört: Nervenlähmungen, Infektionen, Eiterungen, Taubwerden der Haut, Narbenwucherungen, Depressionen usw. Bei Darmklammerungen gibt es 37 mögliche Komplikationen und die ersten Liposuktionen (Fettabsaugungen) in Frankreich forderten 9 Todesopfer! Risiken und Schmerzen

146

»kosmetischer« Eingriffe werden nicht oft geschildert. Wenig bekannt ist auch die Tatsache, dass Frauen, die abnehmen wollen, nicht selten suchterzeugende Kokainderivate verordnet bekommen. Hier schwingt dieselbe Ideologie mit, die Frauen zu idealen OP-Kandidatinnen macht: Sie werden für minderwertig gehalten, ihr Naturzustand gilt als verbesserungsbedürftig. So werden aus den scheinbaren Möglichkeiten leicht neue Verpflichtungen! Die stillschweigende Zensur durch den männlichen Blick kann sich hier ausleben wie nie zuvor. Das weibliche Fleisch, das Material, wird formbar durch den Schöpfergott in Weiß, der sich seine Idealfrau zusammenbastelt.

Man erinnere sich an den Ursprung der Schönheitschirurgie: Sie entstand nach dem Ersten Weltkrieg, um Verstümmelungen und Entstellungen der Heimkehrer zu behandeln! In der Zeit des Nationalsozialismus war es Usus, psychisch kranke Frauen zu kastrieren. Parallelen zur Sexualchirurgie, die wir der Pornografisierung verdanken, drängen sich auf. Der gesellschaftliche Druck auf Frauen und Mädchen wächst und es ist allerhöchste Zeit, etwas zu tun, und sei es, »nur« die eigenen Sehgewohnheiten zu ändern, zu erkennen, welche Gehirnwäsche da betrieben wird, um diesen imaginären Markt aufrecht zu erhalten.

Frauensolidarität Ein Funken Frauensolidarität wäre wünschenswert, damit sich gerade die Mädchen und jungen Frauen nicht kaputtmachen durch den ständigen Vergleich, der Zwietracht sät. Männliche Aufmerksamkeit ist nicht alles! Und man kann sie auch anders erringen, wenn man ihrer so dringend bedarf.[45] Die Diskussion um chirurgische Eingriffe bei Mädchen wurde übrigens erst in jüngster Vergangenheit erneut zum Schweigen gebracht: Das Gesundheitsministerium schützte am 18.5.2012 verfassungsrechtliche Einwände vor, warum ein Verbot nicht denkbar sei. Die (vermeintliche!) Selbstbestimmung der Betroffenen, das Recht auf elterliche Sorge, die Berufsfreiheit der Mediziner (!) seien wichtige Punkte, die man nicht übergehen dürfe (wenn man genormte, in unmenschliche Formen gepresste unglückliche junge Frauen haben will). Ganz klar, der immense Verdienst eines Schönheitschirurgen hat schon Vorrang vor der physischen und psychischen

[45] Vgl. Wolf: *The Beauty Myth*.

Unversehrtheit eines Mädchens. Da man also auf gesetzliche Regelungen wohl lange (vergebens) warten wird, bleibt nur die schon mehrfach erwähnte Steigerung des weiblichen Selbstbewusstseins, damit in den Kindern gar nicht der Wunsch entsteht, sich chirurgisch umformen zu lassen.

Exkurs: Geschlecht und Gesundheit

In allen möglichen Situationen über Frauen und Gesundheit bekommt man immer wieder typische Klischees aufgetischt. Frauen brauchen viel mehr Unterstützung als Männer, weil sie ja ach so beneidenswerterweise länger leben und wegen der Geburten *ihrer* Kinder das Gesundheitssystem mehr Geld kosten. Bekanntlich werden Frauen auch ganz von alleine schwanger... So zumindest scheinen es leider nicht nur Stammtischler zu sehen, sondern auch die Herren, die Beiträge von Kranken- und Pflegeversicherungen vor der Einführung der Unisex-Tarife festlegten. So werden Kosten für Verhütung, Schwangerschaft und Geburt zu 100 Prozent den Frauen zugeordnet! Im Pflegebereich sieht es genauso aus: Man ignoriert einfach komplett, dass viele Frauen zuerst ihren Partner selbst gepflegt haben, weshalb dieser sozusagen nichts kostete, da die Frau ja wie so oft umsonst arbeitete. Stattdessen wird darauf verwiesen, dass die einsamen Witwen danach ja so viel Geld für ihre eigene Pflege brauchen!

Frauen als Belastung für das Gesundheitssystem

Gerne verschwiegen wird außerdem, was alte Menschen ins Krankenhaus bringt: Bei Männern sind es oft Krankheiten, die auf ihre ungesunde Lebensweise, ihr Übergewicht etc. zurückzuführen sind. Bei Frauen hingegen ist der Brustkrebs die häufigste Ursache, was eng mit dem Pillenkonsum in Verbindung steht. Bei jeder hormonellen Verhütung, selbst bei den niedrig dosierten Mikropillen, wird der weibliche Körper enormen Gefährdungen ausgesetzt – vom Schlaganfall über Thrombosen bis hin zum besagten Brustkrebs ist alles drin. Man lese nur einmal den Beipackzettel einer x-beliebigen Pille, die extrem junge Mädchen einnehmen wie Bonbons.

Die *Valette*, eine beliebte Pille gerade für junge Frauen, listet unter anderem folgende Nebenwirkungen auf:

Häufig: Kopfschmerzen, Schmerzen im Unterbauch, Brustschmerzen

Gelegentlich: Pilzerkrankungen der Scheide oder andere Pilzinfektionen, Übelkeit, Erbrechen, Akne/akneähnliche entzündliche Hautreaktion, Hautausschlag (Exanthem), entzündliche, juckende, nicht ansteckende Hauterkrankung (Ekzeme), Hautveränderungen, Haarausfall, Schmerzen beim Geschlechtsverkehr, Entzündung der Scheide und ggf. der äußeren Geschlechtsteile, Veränderungen der Absonderungen aus der Scheide

Selten und sehr selten: Allergische Reaktionen, verminderte Libido, aggressive Reaktion, Gleichgültigkeit, Abnormales Sehvermögen, Bindehautentzündung, Schwerhörigkeit, Venenentzündung, Thrombose/ Verschluss von Lungengefäßen durch ein Blutgerinnsel (Lungenembolie), schneller Herzschlag, Herzbeschwerden, Bluterguss, Hirndurchblutungsstörungen, Nasennebenhöhlenentzündung, Asthma, Infektion der oberen Atmungsorgane, Körperbehaarung ohne Beteiligung der Sexualbehaarung (Hypertrichose), Vermännlichung (Virilismus), Schwache Monatsblutung, Brutdrüsenentzündung, Entzündung der Gebärmutterschleimhaut, Eileiterentzündung, Sehnervenentzündung (kann zu teilweisem oder vollständigem Verlust des Sehvermögens führen), Bauchspeicheldrüsenentzündung bei gleichzeitig bestehender schwerer Fettstoffwechselstörung.

Herzinfarkte
bei Frauen

Herzinfarkte werden bei Frauen seltener erkannt als bei Männern, weswegen sie öfter tödlich verlaufen. Wenig verwunderlich angesichts solcher Fakten ist auch die Tatsache, dass eher wenig in Richtung Frauenkrankheiten geforscht wird, dass Normgrößen sich stets nach Männern richten etc. Das heißt, dass Frauen regelmäßig Überdosierungen ausgesetzt sind. Pille für den Mann? Warum denn, wenn die Frauen dumm genug sind, sich tagtäglich in Lebensgefahr zu bringen. Studien ergaben außerdem, dass Männer nicht bereit wären, eine Pille mit deutlich geringeren Nebenwirkungen als die der Frauen zu nehmen! Viagra für die Frau? Wieso, wenn sie so alt ist, dass nichts mehr geht, wird sich ja wohl auch kaum einer für sie interessieren, na wunderbar, dann soll sie's doch einfach lassen! Man sieht, selbst die scheinbar so neutrale, objektive medizinische Forschung ist eigentlich in hohem Grade gegen Frauen eingestellt und tut wenig, sie zu retten.

Über die Gesundheitsrisiken, die entsprechende Schuhe mit sich bringen, muss man im Prinzip nichts mehr sagen. Wer schon einmal ein paar Stunden auf Absätzen, die mindestens acht Zentimeter hoch sind, durch die Welt stakste, wird nicht bestreiten, dass es allein schon anstrengend ist, selbst wenn man (noch) keine Schmerzen in Rücken, Knien, Füßen etc. spürt. Dass Make-up, Parfum und Haarfärbemittel allergie- und krebserregend sind, ist auch hinlänglich bekannt. Nichtsdestotrotz bemühen sich täglich Milliarden von Frauen, ihre Gesundheit den Männern zuliebe zu gefährden... Dabei ist ein Großteil der Mode auf Frauen bis maximal 30 ausgerichtet und bewirkt, dass man als ältere Frau entweder »lächerlich« darin aussieht oder »klugerweise« darauf verzichtet und sich schnell(er) Richtung Unsichtbarkeit verabschiedet. Tja, sagen so manche Männer grinsend, man will halt keine Krampfadern unter dem Minirock sehen, ebenso wenig Schwabbelarme, die das Trägertop frei lässt... Glück für die meisten Männer über 30, dass ihre Mode nicht annähernd so gnadenlos mit der Zurschaustellung ihrer nicht minder stark alternden Körper umgeht!

Am schwersten wiegen aber wohl zweifellos die Operationsrisiken und die Nebenwirkungen der hormonellen Verhütung. Gerade letztere werden von vielen Mädchen und Frauen verdrängt, falls sie ihnen überhaupt voll bewusst und bekannt sind. Dabei kommen zu den oben bereits genannten gravierenden Gefahren auch noch »kleinere« Übel wie Erhöhung des Blutdrucks, Brustspannen, Libidoverminderung, Vaginalpilz, Zyklusstörungen, Schmierblutungen etc. Selbst Spiralen, scheinbar harmloser, führen oft zu Gebärmutter- und Eileiterentzündungen und Verklebungen, die Unfruchtbarkeit hervorrufen können. Alternativen sind vorhanden, die aber den vermeintlichen Nachteil

Gesundheitsrisiken

haben, dass Frauen nicht jederzeit verfügbar sind. Z. B. im Falle von Portiokappen, die ähnlich dem Diaphragma eingesetzt werden, wenn sie wirklich gebraucht werden. Dieser »Nachteil« ist aber eigentlich ein Vorteil und sollte auch so gesehen werden, statt Leib und Leben der männlichen Lust, Bequemlichkeit und Willkür zuliebe permanent zu gefährden!

Die weibliche Reproduktion muss aber immer noch stärker überwacht werden als die männliche, was man auch daran sieht, dass Samenspenden erlaubt sind, das Spenden von Eizellen zum Einsetzen bei anderen Frauen (z. B. für Leihmütter) aber nicht. Zumindest in Deutschland, wo auch wie bereits geschildert eins der konservativsten Mutterbilder nach wie vor das Denken vieler Frauen und Männer bestimmt.

Frauen in der Welt der Oper und im Theater

Körperbilder

Zum Glück bleibt einem der Bereich der Kultur, in dem die Darstellerinnen nicht nach der Oberweite ausgesucht werden. Oder nach dem Rest der Figur. Oder nach dem Alter. Wir erleben auf Theaterbühnen teilweise noch die fülligen, alternden Diven, die tatsächlich aber mittlerweile im Aussterben begriffen sind, weil ihre barocken Dimensionen nicht mehr gefragt sind. Weil auch auf der Opernbühne – und gerade hier – Sängerinnen gewünscht werden, die um die 30 sind (dummerweise dauert ein ernsthaftes Gesangsstudium halt doch ein paar Jahre, sonst wäre 20 bis 25 schon besser), sich dem Schlankheitswahn unterwerfen und auch ihr Verhalten dem gängigen Auszieh-Imperativ anpassen. Bestes Beispiel ist die russische Star-Sopranistin Anna Netrebko, die sich in Interviews gerne betont sexy gibt und ihre Affinität zu anderen Branchen als etwas Positives (!) hervorhebt. So äußerte sie sich vor ihrer Mutation zur Mutter durchaus dahingehend, dass ein Nebenjob als Stripperin für sie in Frage käme. Dass zahlreiche CD-Cover auch im Klassik-Bereich eine spärlich bekleidete Sängerin zeigen, ist vielleicht nicht allen bewusst. Was aus der Pop-Musik bekannt ist, wird mehr und mehr auch in diese letzte Bastion hineingetragen und die Folgen sind nicht ohne. Man hatte schon mehrfach Gelegenheit, in der Zeitung von Sängerinnen zu lesen, die wegen ihres Leibesumfangs kein Engagement mehr erhielten, obwohl sie ausgezeichnet sangen! Stattdessen nahm man eine schlechtere, aber schlankere Künstlerin, die den Vorstellungen des Regisseurs wohl eher entsprach. Solche Sängerinnen kann man ja dann auch dankbarer ausziehen und zur Schau stellen. Singen reicht nicht mehr!

Auf grausame Weise wird hier Wirklichkeit, was in E.T.A. Hoffmanns »Der Sandmann« als groteskes Bild gezeichnet worden war: Olimpia, die Puppe, die von einem männlichen Macher so gekonnt, so lebensecht in Szene gesetzt wird, dass ein anderer Mann sich in sie verliebt. Jacques Offenbachs »*Hoffmanns Erzählungen*« bringt in der vertonten Fassung wunderbar zum Ausdruck, worum es da eigentlich geht: Geschäfte unter Männern, die auch die Nutznießer und meistens die Gewinner sind, wozu sie sich der Frauen bedienen. Und die erfolgreiche »Frau« in diesem Fall ist bezeichnenderweise gar keine solche mehr, sondern eine willenlose Puppe, die nur so tanzt, singt und springt, wie ihr Erschaffer es wünscht. Olympias Gesang hat dementsprechend auch wenige Worte. Sie gibt in erster Linie Koloraturen von sich, sehr hohe Töne, aufgereiht wie die Perlen an der Kette um ihren schneeweißen Hals. Und sie bezaubert. Exzellent wurde dieser Aspekt in einer Inszenierung des Theaters Regensburg veranschaulicht, als Olympia als Produkt einer Reihe von Schönheits-OPs präsentiert wurde und ein ganzer (Opern-)Chor laut in Beifall ausbrach, als der Schöpfer sein »Werk« vorstellte. Olympia, überflüssig zu erwähnen verkörpert durch eine junge, schlanke, blonde Sängerin, trat auf, sang und spielte, bewegte nur noch im Ansatz ihre Arme puppengleich und klapperte mit den Wimpern. Heute heißen die Olympias der Realität anders und angeblich sind sie auch keine Puppen...

Aber auch wenn man keine Puppe darstellt, hat man als übergewichtige Sängerin mittlerweile ganz schlechte Karten. Ebenso als schlanke, wenn man sich nicht gerne auszieht. So berichtet die Primadonna des Theaters Augsburg von unangenehmen Gesprächen mit einem Regisseur, der sie in Mozarts *Così fan tutte* völlig unmotiviert im Bikini auftreten sehen wollte und der für ihre Weigerung kaum Verständnis zeig-

Die willenlose Puppe

Übergriffe

te. Ähnliches passierte ihr als Titelheldin in Strauss` *Salomé*, wo sie am Ende des Stücks den berühmten Tanz der Sieben Schleier aufführen muss und auf Wunsch des Regisseurs schließlich sich oben ohne mit dem »Blut« aus Jochanaans Kopf und Hals beschmiert... Natürlich ist hier die Vorlage bereits bedenklich, da Salomé auch in der literarischen Version strippt. Leicht gilt man dann als zickig und kompliziert, als Sängerin mit Allüren, welche die Proben anstrengend macht. Wieder einmal wird die Schuld der Frau zugeschoben, statt dass man sie beim – fast immer! – männlichen Regisseur sucht, der die Sängerinnen zu Objekten machen will. Viel zu sehr orientieren sich die Bühnenregisseure an Filmen, was diese Tendenz erklärt.

Was wir in allen Bereichen der Regie bräuchten – sei es im Theater, im Film und Fernsehen oder in der Oper – ist eine deutlich höhere Anzahl weiblicher Kreativer, die sich auch um weibliche Schaulust kümmern, statt wie seit Menschengedenken die männliche zu befriedigen. Sehr progressiv wieder einmal das Theater Regensburg, wo im Rahmen eines Musicals zur Abwechslung ein männlicher Statist bis auf die Unterhose entkleidet und mit Rasierschaum bestrichen wurde.

Einseitigkeiten im Reich der Schaulust

Das klassische Ballett ist ebenfalls ein Refugium, wo es neben hübschen jungen Frauen auch – laut Klischee: ausnahmslos homosexuelle – attraktive Männer zu bestaunen gibt. Interessant ist hier die historische Verschiebung, der die Blicke unterliegen. Im Mittelalter waren die Frauengewänder bodenlang, die der Männer teilweise gerade die Pobacken verdeckend – heute ist es praktisch umgekehrt! Das einzige, was heutzutage für die Schaulust der Leser in jedem Wochenblatt angeboten wird, sind eben Bikinimädchen. 1643 tanzten am Hof des Sonnenkönigs noch Männer *sämtliche* Rollen im Ballett! Die Frauen betraten die Bühne erst im 18. Jahrhundert. Dabei wurden Schauspielerinnen, Sängerinnen und Tänzerinnen von Anfang an in der Nähe zur Prostitution gesehen, was für manche auch zutraf, angesichts der geringen Bezahlung gerade an kleineren Häusern. Dieses Erbe der Vergangenheit hält sich hartnäckig, da noch heute die eine oder andere Prostituierte Model als Beruf angibt...

Die Künstlerinnen sind exponierte Objekte der Begierde, die oftmals auch gegen ihren Willen zu Fetischen gemacht werden. Mit den Worten Judith Lorbers: »Symbolisch also sind alle hübschen Frauen Prostituierte.«[46]

Judith Lorber (geboren 1931) ist emeritierte Soziologieprofessorin. In den 1970er-Jahren wurden ihre Aussagen zum Herstellungsprozess von Geschlechtszugehörigkeit und Geschlechtsidentität berühmt. Sie geht davon aus, dass wir es mit individuellen und sozialen Praxen zu tun haben, die fortlaufend Geschlecht produzieren – und das interaktiv, also in der Auseinandersetzung mit anderen. Das Schlagwort lautet *Doing gender*, im Gegensatz zu Judith Butlers *Performing gender*.

Judith Lorber: *Gender-Paradoxien*. Leverkusen 1999.

LITERATUR

Diese ungute Entwicklung erfuhr im 19. Jahrhundert einen starken Schub und gipfelte in der noch heute in Relikten erhaltenen Spaltung der Frau in das Vexierbild von Hure und Heilige. Um erfolgreich zu sein, müssen Frauen ja auch heute noch immer mehrere Rollen bedienen, zweifellos ist dabei der erotische Aspekt nicht der unwichtigste. Nicht umsonst wollte Richard Wagner seine Kundry-Figur schon im 19. Jahrhundert am liebsten ganz nackt auftreten lassen, um die voyeuristischen männlichen Bedürfnisse zu befriedigen.

Das Figurideal der Balletttänzerin, zweifellos optisch sehr reizvoll, bringt – welche Überraschung – negative Gesundheitsfolgen mit sich: Hormonstörungen, niedriger Blutdruck, psychosomatische Probleme, Essstörungen etc. – all das sind Symptome, unter denen die Mehrheit der Profi-Tänzerinnen zu leiden hat! Dabei ist hier noch außer Acht gelassen, dass die Rückenschäden spätestens ab dem 30. Lebensjahr die Berufsausübung nahezu unmöglich machen. Da kann man nur hoffen, eine begehrte Stelle im Bereich der Choreografie zu finden, ein Sektor, der seltsamerweise aber wieder zumeist von Männern dominiert wird.

Verschleiss der Körper

---

[46]   Lorber: *Gender-Paradoxien*. S. 166.

Darüber hinaus gibt es etliche gender-relevante Aspekte und Kuriosa in der Welt des Balletts zu beobachten. So behauptet die genderbewusste Ballettforschung beispielsweise, die Frauen tanzten (auf der Spitze), um zu dem Mann, der sie führt, aufzuschauen. Zudem liest man[47], dass z. B. die berühmte Tänzerin Isadora Duncan (1877–1927) als Choreographin, die sie auch war, praktisch nicht wahrgenommen wurde, sondern stets nur als Tänzerin. Das Erschaffen ist traditionell so mit dem Männlichen gleichgesetzt, dass dies kein Wunder ist. Dass mehr und mehr Frauen die Tanzbühne eroberten, provozierte auch in diesem Bereich einen Rückschlag oder *Backlash*, der im amerikanischen Kontext beispielsweise mit dem politischen Konservatismus in den USA zusammenfiel. Die Parallelen sind immer vorhanden. Man muss nur genau hinschauen, um sie zu finden, und den Mut haben, auf sie hinzuweisen.

Das subversive
Potenzial des Tanzes

Julia Kristeva, eine bulgarisch-französische Forscherin, die vor allem in der Sprache Gender-Probleme aufspürte und Theorien dazu entwickelte, hat sich auch ausführlich mit dem Tanz beschäftigt. Sie findet im Tanz etwas, was sie in ihrer Theorie das »Semiotische« genannt hat: eine Ausdrucksform, in der sich auch Gender-Utopien entwickeln lassen – also Bedürfnisse ausdrücken lassen, die jenseits der engen Vorgaben der Wirklichkeit liegen. Tanz, so Kristeva, ist eine Art Untergrundkommunikation. Es bedarf also nur der entsprechenden Tanzform und der passenden Ausführenden, um dem Publikum und somit wenigstens einem Teil der Bevölkerung neue Sichtweisen vorzustellen, damit sie sehen, junge Stripperinnen sind nicht das, worum es in Tanz und Leben eigentlich gehen sollte...

»Frauenthemen«
auf der Bühne

Dass man als alte Frau auf Bühnen ebenso wenig verloren hat wie auf den Leinwänden und Bildschirmen, ist an und für sich nicht überraschend. Die männlichen Kulturschaffenden reduzieren Frauen auf ihre fruchtbare Phase. Interessante »Probleme« von Frauen auf der Bühne sind deshalb auch selten verknüpft mit staatstragenden Aktivitäten wie die der männlichen Herrscherfiguren (von ein paar Königinnen einmal abgesehen), sondern fast immer im Privaten angesiedelt, konkret im

---

[47] Vgl. Senelick: *Gender in Performance.* S. 233.

Zwischenmenschlichen: Der begehrte Mann ist es, worum sich das Denken einer Norma (Titelheldin von Vincenzo Bellinis gleichnamiger Belcanto-Oper) dreht, auch wenn sie nebenbei noch Hohepriesterin ihres Volkes unter der römischen Besatzung ist. Aber den italienischen Komponisten Bellini (1801–1835) interessiert die Priesterin nicht so sehr. Er stellt die liebende Frau in den Vordergrund, deren Liebhaber, der Römer Pollione, sich von ihr ab- und ihrer jungen Kollegin im Tempel, Adalgisa, zuwendet. Norma heult ihm eine ganze Oper lang vergeblich nach und opfert sich am Schluss selbstlos für ihn und seine Neue. Was für eine Heldin. Die absolute Selbstaufgabe von Frauen wird von Librettisten und Komponisten besonders geschätzt.

Genügend Forschende stellten bereits fest, dass in Theaterstücken und Opern auffallend viele weibliche Leichen den Weg des Helden säumen. Nur tot jagt die Frau niemandem mehr Schrecken ein... Freud und Oscar Wilde lassen gleichermaßen grüßen, wenn sie die Frau in ihren Texten als bedrohliches, sphinxartiges Wesen beschreiben.[48] Dabei rekrutiert sich das Heer toter Frauen auf der Bühne nicht so sehr aus der Gruppe der Alten, die sowieso schon seit Jahrzehnten niemanden mehr interessierten. Vielmehr sind es Frauen auf ihrem Zenith, die reihenweise den Abgang machen (müssen). Beispielhaft in der *La Traviata* Giuseppe Verdis, eine der 10 beliebtesten Opern weltweit, die ganz und gar typisch ist: Die junge Violetta Valéry, von Beruf Edelprostituierte, verliebt sich einmal tatsächlich – und zwar in den ungefähr gleichaltrigen Alfredo Germont. Eine heftige Romanze entbrennt. Leider wird sie jedoch durch den strengen Vater Alfredos gestört, der in dieser Frau einfach keinen Umgang sieht für seinen Sohn. Erschwerend kommt hinzu, dass dessen Schwester demnächst heiraten soll, was durch derartige Eskapaden bedroht wird. Schlüsselszene des Stücks ist ein Duett zwischen Violetta und dem Vater ihres Liebsten, in dem er es schafft, Violetta zum Verzicht auf Alfredo zu bewegen. Aber wie macht er das? Er stellt ihr etwas Unwiderstehliches in Aussicht: »morire bella e giovane« (auf Deutsch: Schön und jung sterben). Was kann es Erstrebenswerteres geben für eine Frau, scheint er zu fragen und sie

Bühnenfrauen sterben jung

---

[48] Vgl. Wilde: Die Erzählungen und Prosagedichte; Freud, Sigmund: *Gesammelte Werke*. Frankfurt/Main.

geht ihm voll auf den Leim. Ja, sie möchte engelsgleich in jedermanns Erinnerung sein. Sie ist gar nicht so unglücklich über ihre Schwindsucht, an der sie seit Beginn des Stücks leidet, da sie ihr erspart, worauf sie sowieso gerne verzichtet: das grausame Altwerden. Die Schönheit vergeht mit der Jugend, das ist die zu verinnerlichende Maxime. Da Schönheit aber die einzige Macht der Frau ist, ist es logisch, den Damen gleich eine Pistole in die Hand zu geben, sobald sie sich aufgrund von Schönheitsmangel von der Einsamkeit bedroht sehen könnten...

Die traurige Aktualität
von *La Traviata*

Die traurige Aktualität der *Traviata* liegt nicht (nur) in der Hurenromantik, die Textdichter und Komponist ausgraben und zelebrieren. Sie besteht auch in zwei weiteren Punkten, die vom Postfeminismus auf aggressive Weise überall vermarktet werden: Schön sein als oberstes Lebensziel und Selbstaufopferung. In jeder Phase des Lebens. Was für eine Freiheit ist es, wenn man zwar arbeiten »darf«, aber vor allem im Bett richtig rasiert die richtigen Dinge zu leisten hat? Diese Mogelpackung wollen wir nicht! Das Korsett, das uns da übergestreift werden soll, ist nicht minder einengend und macht nicht weniger Frauen kaputt als das deutlicher sichtbare, tatsächliche Korsett der vergangenen Jahrhunderte!

Tristan und Isolde

Bei einer italienischen Oper über eine Prostituierte erwartet man vielleicht sowieso nichts anderes, als genau das, was man dann serviert bekommt. Wie sieht es aber aus mit Richard Wagner, dem deutschen Komponisten, der seine Texte größtenteils selbst dichtete? Hat er es in seiner Version des uralten Mythos von *Tristan und Isolde* geschafft, endlich eine Beziehung auf mehr Augenhöhe darzustellen? Man könnte es eigentlich vermuten, da schon in der ersten bekannten deutschen Version dieser Geschichte von Gottfried von Straßburg aus dem Mittelalter zwei Figuren präsentiert werden, die von manchen Germanisten sogar als gleichwertig eingeschätzt werden. Tristan sehen sie nicht als den Überlegenen, obwohl er mehr spricht, mehr handelt und auch Isolde unterrichtet, was eine klassische Hierarchie zwischen den beiden errichtet, die nie mehr ganz verschwindet.

Wagner hat im 19. Jahrhundert der Figur der Isolde mehr Stärke verliehen, die sie aber nach dem Genuss des Liebestranks verliert. Sie wirft sich willenlos in die Arme des Helden, der von nun an das Sagen hat. Er erklärt ihr die Welt und seine Philosophie, Isolde kuschelt sich an seine Brust und lauscht. Im dritten Aufzug dann singt Tristan: »Mit blutender Wunde erjag ich mir heut Isolden!«. Damit offenbart er seine eigentliche Haltung zur Frau, die er als zu erjagende Beute sah und sieht. Dementsprechend lässt Wagner seine Heldin sterben, nachdem sie ihre Aufgabe erfüllt hat, Tristan zu erlösen.

Auch die Darstellerinnen seiner Rollen wollte der Komponist völlig in ihren Rollen aufgehen sehen, wobei er in seinen zahlreichen theoretischen Schriften klarstellte, wie das auszusehen hatte: Gesang, Persönlichkeit und Darstellung sollten eine Einheit bilden, die Sängerin solle nicht allzu viel denken, sondern sich in ihre Rolle werfen und versenken. Dirigent und Regisseur würden ihr dann schon sagen, was zu tun sei. Nehmen wir noch die meist ebenfalls männlichen Kritiker hinzu, ist der Käfig für die Sängerin, in dem sie ausgestellt, aber komplett von Männern kontrolliert wird, perfekt.

Die Überlieferung misogyner Darstellungen

Noch deutlich krasser als die latent oder offen misogynen Darstellungen der männlichen Schöpfer aus zurückliegenden Jahrhunderten sind aber die Äußerungen moderner Literaturwissenschaftler, die teilweise noch eins draufsetzen. So liest man zum Beispiel im 1984 erschienenen Buch *Liebe – Ehe – Ehebruch in der Literatur des Mittelalters* von Xenja Ertzdorff und Marianne Wynn mehrere Aussagen, die den Professorinnen nicht gerade zur Ehre gereichen. Sie verdammen Isolde beispielsweise als amoralisch und sprechen ihr jegliche Selbstbeherrschung ab. Der Figur der Tristan-Mutter, Blancheflûr, unterstellen sie sogar Geistesgestörtheit! Solange solche Bücher in den Universitätsbibliotheken stehen, muss man sich nicht wundern, wenn Erstsemester sich auch noch bestätigt sehen in dem Eindruck, den der Primärtext selbst vielleicht in ihnen erwecken mag. Dennoch sollten sie selbigen

Literaturwissenschaft

doch eher, wie von einer gender-bewussten Literaturwissenschaft stets gefordert, gegen den Strich lesen oder zumindest feststellen, wie Frauen in den Texten tatsächlich dargestellt werden. Ideologiekritik ist hier unheimlich wichtig. Auch Judith Butler wünscht sich, dass auf die Künstlichkeit der geschlechtlichen Zweiteilung aufmerksam gemacht wird und darauf, dass deren Zweck darin besteht, das herrschende System zu unterstützen und zu sichern.

Philosophie

Außerdem ist es erforderlich, dass man die Einflüsse, denen die Dichter und Komponisten zu ihrer jeweiligen Schaffenszeit unterlagen, mitberücksichtigt. Die großen deutschen Philosophen Schopenhauer und Nietzsche, beide teilweise extrem frauenfeindlich in ihren Ausführungen (»Zum Weibe gehst du? – Vergiss die Peitsche nicht!«; Nietzsche in *Also sprach Zarathustra*), hatten erheblichen Einfluss auf Richard Wagner. Englische Schriften, die sich mit der »Frauenfrage« beschäftigten, las Wagner auch, wobei er die fortschrittlicheren (wie z. B. John Stuart Mill, der darauf hinweist, dass Frauen zu einer gewissen Unselbständigkeit erzogen werden) weniger schätzte als die reaktionären von beispielsweise John Ruskin. Dieser wies in *Of Queen's Gardens* der Frau unmissverständlich ihren (niederrangigen) Platz zu. Die beiden britischen Zeitgenossen fühlten sich wie so viele kluge Köpfe vor und nach ihnen dazu berufen, über Frauen und ihre Aufgaben zu theoretisieren.

Anatomie

Das 19. Jahrhundert charakterisiert insgesamt eine vergleichsweise hohe Misogynie. 1872 freute sich Theodor Bischoff, Anatomie- und Physiologieprofessor, über das (angeblich) geringere Durchschnittsgewicht des weiblichen Gehirns, was er als Nachweis für eine im Vergleich zum männlichen Vermögen reduzierte Denkkapazität ansah. Erste feministische Aktionen machten dem Patriarchat Angst. Es galt, die Frauen von den Universitäten fernzuhalten und sie an ihre »eigentlichen« Aufgaben (allen voran die Kindererziehung) zu erinnern. Gründungen wie die von Pauline Staegemann, die 1873 die erste sozialdemokratische Frauenorganisation, den Berliner Arbeiterfrauen- und Mädchenbund, ins Leben rief, wurden nicht gern gesehen.

Der Sexualpessimismus der katholischen Kirche, der damals noch mehr Einfluss hatte als heute, ist ein weiterer Punkt, mit dem sich Wagner in seinem Spannungsfeld auseinandersetzen musste.

Kirche

Er kommt in seinem Spätwerk *Parsifal* prägnant zum Ausdruck, wo die verdammenswerte Verführerin des zweiten Aufzugs im dritten zur entsexualisierten Dienerin gewandelt erscheint. Stolz und Unabhängigkeit, die sie im zweiten Aufzug auszeichnen, werden ihr genommen und sie wird vor allem für ihr scheinbar ach so anmaßendes Lachen bestraft – keine Frau darf einen der kostbaren Helden auszulachen wagen, das käme ja einer symbolischen Kastration gleich. Wieder einmal eine Frauenfigur, die sich zu viel erlaubt hat und am Schluss des Werks auf ihren Platz verwiesen wird.

Parsifal

Die Blumenmädchen im *Parsifal*, hübsche, gesichtslose junge Frauen, die devot um den Helden herumflattern, werden glorifiziert. Am Schluss werden sie jedoch ermordet, haben sie sich doch des Verbrechens schuldig gemacht, den Helden von seiner wichtigen Mission abbringen zu wollen, um sich in irdischen Gelüsten zu verlieren.

Dass mit fortschreitendem Alter die Ansichten konservativer werden, ist freilich nichts Außergewöhnliches und beschränkt sich sicherlich nicht auf Komponisten und ihre Textdichter. Dennoch ist es bei ihnen besonders augenfällig, wie man auch am Beispiel des kongenialen Gespanns Hugo von Hofmannsthal und Richard Strauss sehen kann. Da gibt es auf der einen Seite deren Oper *Der Rosenkavalier* (1911), der an und für sich *gender*-progressiv ist, in mehrfacher Hinsicht sogar, aber gegen Ende der gemeinsamen Schaffenszeit Werke wie *Die Frau ohne Schatten* (1919) und *Arabella* (1933). In beiden zuletzt genannten Opern kommen zwar viele große Frauenrollen vor, mehr als bei Verdi oder Wagner – immerhin! – aber die Figuren sind deutlich reaktionärer angelegt.

Die Titelheldin der *Arabella* erinnert an Shakespeares *Der Widerspenstigen Zähmung*, wo der Protagonistin am Ende gezeigt wird, wo ihr Platz ist – nämlich an der Seite eines Mannes. Sie wird gebändigt und

Arabella und *Die Frau ohne Schatten*

mit lustigen Kutschfahrten mit unterschiedlichen Männern hat es jetzt ein Ende. Sie wird brave Ehefrau. Ähnlich ergeht er ihrer Schwester Zdenka, die als Junge erzogen wurde, um den verarmten Eltern Geld zu sparen, die aber am Ende der Oper ihr Haar lösen darf und in ihrer weiblichen Identität aufgeht. In der *Frau ohne Schatten* wird nichts anderes dargestellt: Im orientalischen und phantastischen Märchenambiente lernen wiederum zwei Frauen, worum es geht im Leben: Den eigenen Gemahl schätzen und Kinder bekommen, versinnbildlicht hier durch Fischlein. Die »böse« Färberin erweist anfangs ihrem Mann, dem gutmütigen Färber, zu wenig Respekt. Am Ende, als er sich nicht mehr alles bieten lässt, fällt sie ihm zu Füßen und meint, jetzt wüsste sie ihn zu achten. Moral der Geschichte? Man zeige den Frauen, wo der Hammer hängt, sonst werden sie zu übermütig...

Dem Färberpaar gegenüber steht das edle Kaiserpaar, wobei die Kaiserin an ihrer Kinderlosigkeit (= sie wirft keinen Schatten) leidet. Sie verwandelt sich immer wieder in eine weiße Gazelle und in dieser Gestalt hat sie auch ihren Mann kennengelernt: auf der Jagd... Er besucht sie auch später immer wieder in der Nacht, tagsüber jagt er. Sie hingegen sitzt zusammen mit ihrer Amme und harrt in langen Stunden seiner Rückkehr. Schon zu Beginn spürt man: Der Kaiser ist seiner Tierfrau klar überlegen, hat auch noch andere wichtige Aufgaben, während er ihr ganzer Lebensinhalt ist. In der Schlussszene muss sich die Kaiserin selbst aufgeben, ihrem Mann zuliebe – und wird märchenhaft belohnt. Happy end! Beide Paare sind selig in der neuen Konstellation, in der alles so ist, wie es sein soll: Die Männer haben das Sagen, die Frauen erkennen dies an.

Kann denn nicht jede Frau ihr Lebensziel in der Gefallsucht und im Dienst am Manne finden? Wenn letzterer weg ist – aus welchen Gründen auch immer – bleibt der Frau nur noch der Tod. Den wünscht sich auch die Heldin Elvira in einer anderen Oper Bellinis (*I Puritani*), der ihr einziger Lebensinhalt, der geliebte Mann, abhanden kam.

Stabilisierung von Geschlechterstereotypen

Warum nun sind diese Darstellungen so gefährlich? Wenn sie doch noch dazu mit herrlicher Musik unterlegt sind, die uns einlullen und

ablenken soll von dem, was da eigentlich geschieht, nämlich der Stabilisierung von Geschlechterstereotypen. Das eigene Selbstbild und
das Rollenrepertoire werden in der Tat durch kulturelle Darstellungen beeinflusst und selbst wenn es nur un(ter)bewusst passiert.[49] Der
weibliche Körper ist eine beeinflussbare Konstruktion. Dass erotischer
Fetischismus an der Tagesordnung ist – und das nicht mehr im 19.,
sondern im 21. Jahrhundert! – lässt sich in jedem Bereich unserer Kultur ablesen.

Auch in der Kunst ist es nicht anders als im Theater, im Film, in der
Oper. Weniger als 5% der Künstler, die am Metropolitan Museum of
Modern Art ausstellen, sind weiblich. 85% der Aktdarstellungen dafür
schon – das sagt alles. Dabei ist auch in diesem Zusammenhang zu bedenken, dass diese Einstellung – die nackte Frau als reizvolles Objekt,
nicht der unbekleidete Mann – ebenfalls erst eine Erfindung jüngeren Datums ist. Der berühmte venezianische Maler Tintoretto hat im
17. Jahrhundert nur ganz selten Frauen ohne Kleider auf Leinwand
gebannt. In seinen Schriften liest man, dass er als perfekten Körper
nur den männlichen sah. Dementsprechend waren die meisten seiner
Modelle junge Männer. Nun fühlte sich Tintoretto anders als manch
anderer Künstler mit ähnlicher Ansicht nicht persönlich angezogen
von diesen Jünglingen, er war verheiratet, hatte sechs (oder mehr...)
Kinder, Affären mit anderen Frauen und so weiter. Tintoretto leitete
allein sein ästhetischer Sinn. An den weiblichen Körpern störte ihn das
Runde, Rundliche, Hängende, Weiche. Darstellenswert schienen ihm
vor allem die Muskeln und Formen eines Mannes. Im Kontrast dazu
liegt heute der Schwerpunkt ästhetischer Schaulust auf dem sexualisierten Frauenkörper.

Aufbrechen der Geschlechtsidentitäten in der Oper?

Traditionelle oder konservative Rollenbilder zu bewerben ist ganz im
Sinne der herrschenden Ideologie, um Frauen auch heute noch an einer wirklich freien Entfaltung zu hindern, indem man sie beispielswei-

---

[49] Vgl. Pasero/Braun: *Wahrnehmung und Herstellung von Geschlecht*. S. 17 ff.

se in ganz wenige, bestimmte Bereiche drängt. Der rhetorische Effekt soll darin bestehen, dass sich die Zuschauerinnen mit den dargestellten reaktionären »Heldinnen« identifizieren, damit auch sie nicht im echten Leben auf dumme Gedanken kommen, die an der bestehenden Situation etwas ändern könnten...

Der Rosenkavalier Es gibt durchaus auch Werke, beispielsweise den bereits erwähnten *Rosenkavalier*, die nicht so rigide Rollen verteilen. Im Gegenteil, hier ist Platz für das Spiel mit der Geschlechtsidentität. Dies gilt für alle Stücke, in denen entweder so genannte »Hosenrollen« vorkommen oder Counter-Tenöre gefragt sind. Eine Hosenrolle, so wie der Titelheld im *Rosenkavalier*, wird von einer Frau gespielt, einem Mezzosopran, der damit eine Männerrolle übernimmt. Fast immer sollen die Hosenrollen sehr junge Männer darstellen, wie auch in diesem Fall. Octavian, so sein eigentlicher Name, wird vom alten Baron Ochs ausgewählt, dessen junger Braut Sophie die traditionelle silberne Rose zu überreichen. Natürlich verlieben sich die beiden ineinander, wobei Octavian am Anfang des Stückes noch im Bett der Marschallin, einer älteren Frau, zu finden ist. Die Marschallin sieht voraus, dass er sich in nicht allzu ferner Zeit von ihr abwenden wird. Sie weiß, dass ihr von der Gesellschaft – anders als ihrem Bekannten, Baron Ochs – nicht zugestanden wird, eine Beziehung zu einem jüngeren Partner zu haben. Sie verheimlichen ihre Affäre, die in der Tat zerbricht, als Octavian die junge, hübsche Sophie sieht.

Gender Trouble entsteht in diesem Stück nicht nur dadurch, dass Octavian zu Beginn der Oper in den Armen einer älteren Frau liegt, sondern auch, da es sich ja um eine Frau in Männerrolle handelt, die zuerst mit einer älteren, dann mit einer jüngeren, eine intime Beziehung eingeht. Zumindest findet dieses Szenario auf der Bühne so statt und manche Regisseure inszenieren hier sehr explizit. Andere wiederum scheinen peinlich berührt vom »Lesbenporno« und halten sich mit Andeutungen zurück. Da kann es natürlich nicht ausbleiben, dass man Mezzosopranistinnen öfter als Sopranistinnen unterstellt, sich auch privat für das eigene Geschlecht zu interessieren, was de facto nicht wahr ist. Sie sind hingegen eher aufgeschlossen für Spiele mit der Geschlechtsidentität im Sinne Judith Butlers. Eine Sängerin beispielsweise berichtete im Interview, sie spiele den Chérubin in Jules Massenets gleichnamiger Oper, die den Titelhelden als Hosenrolle konzipiert, sehr gerne und versetze sich so sehr in die Rolle, dass sie, bereits im Kostüm (= Anzug), die Herrentoilette benutze. Kompliment!

Auch auf der Männerseite gibt es eine ähnliche Tendenz, die strikte Grenze zwischen den beiden Geschlechtern zu überwinden. Unter dem Titel »Androgyner Rocker« wird zum Beispiel der Countertenor Valer Barna-Sabadus im Klassik-Magazin *Crescendo* vorgestellt (Ausgabe Februar/März 2012, S. 16/17). Berichtet wird dort von dem krassen Kontrast zwischen seinem Aussehen und einer Stimme, die sich vom Alt bis zum Sopran hochschraubt. In der Barockoper wird er in Hardrocker-Montur auf die Bühne gestellt und singt dann aber auf eine Weise, die die Zuhörer überrascht. Der Sänger selbst spricht von seinem exotischen Reiz, weil seine Stimme so androgyn klinge. Am Ende des Artikels liest man, dass die Countertenor-Szene in den letzten Jahren aufgeblüht sei, dass die Faszination von »Männern, die wie Frauen singen« auch auf jene übergesprungen sei, die anfangs eher skeptisch waren.

Die Ära der wie Frauen singenden Männer begann bekanntlich schon einige Jahrhunderte vor unserer Zeit, als vor allem in Italien Kastrationen gang und gäbe waren, um die Sopran- bzw. Altstimmen von Knaben auch für das Erwachsenenalter zu erhalten. Komponisten wie beispielsweise Händel schrieben ihre bekanntesten Werke für die Kastraten, die teilweise einen unvergleichlichen Star-Status inne hatten und europaweit gefeiert wurden. Heutzutage wird natürlich niemand mehr kastriert, die Begeisterung über derartige Stimmen aber ist wieder am Erwachen, was hoffen lässt!

Die Countertenor-Szene

Paula Modersohn-Becker: Selbstporträt, 1906/1907

6. Resümee

An den Schluss dieser Reise durch die Abgründe frauenfeindlicher und geschlechterstereotyper Darstellungen in der Gegenwart gehört einzig und allein ein deutlicher Appell.

Dieses Buch ruft nicht auf zum blinden Hass gegen alle Männer. Im Gegenteil. Es lädt ein zur differenzierten Betrachtung. Bei beiden Geschlechtern – wenn wir uns auf diese Einteilung einlassen wollen – gibt es die unterschiedlichsten Charaktere und Persönlichkeiten. Aber man sollte sich als Frau schon fragen, ob man es wirklich notwendig hat, eine Beziehung zu führen, die zu eigenen Lasten geht. Die grundsätzlich, und nicht nur in Details nicht so läuft, wie man sich das einmal vorgestellt hat, bevor man in eine gemeinsame Wohnung zog.

Eine Spaltung der Frauen, zum Beispiel in Kinderlose und Mütter, muss unbedingt unterbleiben. Sonst spielt man nur all jenen in die Hände, die diese Unterschiede sowieso schon hinlänglich zu ihrem eigenen Vorteil ausnutzen! Das gilt auch und gerade für die Frauen selbst, die ja schon in ihrer Einschätzung der optischen Erscheinung bei ihren Geschlechtsgenossinnen deutlich kritischer sind als bei Männern, die sie zumeist weniger diskriminieren, beispielsweise wenn die Figur nicht ihren Idealvorstellungen entspricht.

Die Entscheidung liegt bei den Frauen. Wollen sie es hinnehmen, dass sie zwei Stunden täglich im Bad brauchen, nur um IHM, der maximal eine halbe Stunde aufwendet, zu gefallen? Müssen wir es tolerieren, dass er nebenbei Pornos schaut? Dass er sich entspannt, während wir die Küche aufräumen? Wollen wir ein kulturelles Leben, in dem uns nur noch einmal die gleiche verachtende Botschaft verkündet wird, dass man als Frau nur unter 40 und idealerweise operiert irgendeinen Wert hat? Wollen wir weiterhin einen Orgasmus spielen, weil seine schwache Performance nicht mehr hergibt? Wollen wir uns mit einem geringeren Gehalt zufrieden geben als die Jungs, die früher noch von uns abgeschrieben haben, die aber plötzlich in der Kanzlei über uns sitzen? Ist es wirklich in unserem Sinn, ein System zu unterstützen, das Frauen nicht als Persönlichkeiten wertschätzt, sondern nur als Fleischstücke?

Auf all diese Fragen kann es nur eine Antwort geben: NEIN!

Diese Antwort gilt es den Männern, mit denen wir tagtäglich Umgang haben, an den Kopf zu werfen. Pille? Klar, wer hat nicht gern mit 30 Brustkrebs, falls er nicht schon zuvor am Schlaganfall oder Herzinfarkt starb! Wie wäre es denn stattdessen mit einer Kurzzeit-Sterilisation für den Mann? Oder den guten, alten Kondomen?

Wie findet man den Mut dazu? Es kann nur über mehr Selbstbewusstsein laufen. Echtes Selbstbewusstsein, das nicht aus der Farbpackung für die Haare kommt, sondern aus dem Inneren, aus dem Wissen um die eigene Persönlichkeit, die zählt. Es ist nicht leicht, gegen den Strom zu schwimmen, aber es ist es allemal wert. Weil man sich selbst gewinnt und ein Leben, das wieder auf der ganzen Linie glücken kann. Weil man Wertschätzung erfährt, die nicht vom richtigen Lidschatten abhängt. Weil man in Selbstbestimmung und echter Freiheit leben kann und sich nicht ständig dem Schlankheits-, Mode- etc.-Diktat unterwerfen muss. Weil man auf seine eigene Gesundheit achten kann, statt sie durch Haarfarben, Schminke, Pille, Operationen usw. permanent und massiv zu gefährden! Weil man nicht Angst haben muss vorm Alter(n). Weil man quasi nebenbei auch noch Solidarität mit anderen Frauen ausdrückt. Weil man den Männern zeigt, dass Frauen mehr sind als hübsche Hüllen, nämlich gleichwertige Menschen, die auch als solche behandelt werden wollen. Weil man sein Leben ohne schlechtes Gewissen genießen kann.

Aber solange Frauen mit Pornografie und Prostitution zu kämpfen haben, obwohl sie schon auf dem Arbeitsmarkt und in der Familie die schlechteren Karten haben, solange ihnen gesichtsloses, operiertes Fleisch als »Entertainment« permanent zugemutet wird, solange können Frauen weder wirklich frei noch wirklich glücklich sein – außer, sie stecken den Kopf in den Sand und kneifen die Augen ganz fest zu.

Literaturverzeichnis

Akashe-Böhme, Farideh: *Sexualität und Körperpraxis im Islam*. Frankfurt/Main 2006.

Alberti, Barbara: *Riprendetevi la faccia*. Mailand 2010.

Alsop, Rachel e.a.: *Theorizing Gender*. Cambridge 2002.

Angerer, Marie-Luise (Hg.): *The Body of Gender. Körper. Geschlechter. Identitäten*. Wien 1995.

d'Avenia, Alessandro: *Bianca come il latte Rossa come il sangue*. Mailand 2010.

Badinter, Elisabeth: *Der Konflikt. Die Frau und die Mutter*. München 2010.

Barnes, Ruth/Eicher, Joanne B.: *Dress and Gender*. New York 1993.

Bartky, Sandra Lee: *Femininity and Domination. Studies in the Phenomenology of Oppression*. New York 1990.

Beall, Anne E./Sternberg, Robert J.: *The Psychology of Gender*. New York 1993.

von Braun, Christina/Stephan, Inge: *Gender@Wissen. Ein Handbuch der Gender-Theorien*. Köln 2005.

dies.: *Gender Studien. Eine Einführung*. Stuttgart 2006.

Bronfen, Elisabeth: *Liebestod und Femme fatale. Der Austausch sozialer Energien zwischen Oper, Literatur und Film*. Frankfurt/Main 2004.

Butler, Judith: *Gender Trouble*. New York 1990.

Colebrook, Claire: *Gender*. London 2004.

Dorn, Thea: *Die neue F-Klasse*. München 2006.

Dworkin, Andrea: *Pornography. Men possessing Women*. London 1981.

Eifert, Christiane e.a.: *Was sind Frauen? Was sind Männer? Geschlechterkonstruktionen im historischen Wandel*. Frankfurt/Main 1996.

Foucault, Michel: *Wahrheit und Sexualität*. Frankfurt/Main 1995–2000.

Frey Steffen, Therese: *Gender*. Leipzig 2006.

Freud, Sigmund: Gesammelte Werke. Frankfurt/Main.

Friday, Nancy: *Wie meine Mutter*. Frankfurt/Main 1979.

Gernert, Johannes: *Generation Porno*. Köln 2010.

Gianini Belotti, Elena: *Prima le donne e i bambini*. Mailand 1998.

Grimm, Petra: *Porno im Web 2.0. Die Bedeutung sexualisierter Web-Inhalte in der Lebenswelt von Jugendlichen*. Berlin 2010.

Greer, Germaine: *Ab 40*. Düsseldorf 1991.

Grenz, Sabine: *(Un)heimliche Lust. Über den Konsum sexueller Dienstleistungen*. Wiesbaden 2005.

Hajok, Daniel/Selg, Olaf/Hackenberg, Achim: *»Auf Augenhöhe?« Rezeption von Castingshows und Coachingsendungen*. Konstanz 2011.

Hauner, Andrea/Reichart, Elke: *Bodytalk. Der riskante Kult um Körper und Schönheit*. München 2004.

Herdt, Gilbert (Hg.): *Third Sex, Third Gender. Beyond Sexual Dimorphism in Culture and History*. New York 1994.

Hilmes, Carola: *Die Femme fatale*. Stuttgart 1990.

Hoefer, Georg/Reymann, Kerstin: *Konservative Rollenklischees und ihre Vermarktung*. Coppengrave 1994.

Honegger, Claudia (Hg.): *Die Hexen der Neuzeit*. Frankfurt/Main 1978.

Itzin, Catherine: *Pornography. Women Violence and Civil Rights Liberties*. Oxford 1992.

Jackson, Linda A.: *Physical Appearance And Gender*. Albany 1992.

Klonovsky, Michael: *Der Held. Ein Nachruf*. München 2011.

Knapp, Gudrun-Axeli: *Kurskorrekturen. Feminismus zwischen Kritischer Theorie und Postmoderne*. Frankfurt/Main 1998.

Kotthoff, Helga (Hg.): *Das Gelächter der Geschlechter*. Konstanz 1996.

Kreienkamp, Eva: *Gender-Marketing. Impulse für Marktforschung, Produkte, Werbung und Personalentwicklung*. Landsberg/Lech 2007.

Krell, Gertraude: *Chancengleichheit durch Personalpolitik. Gleichstellung von Frau und Mann in Unternehmen und Verwaltungen*. Wiesbaden 2004.

Kroll, Renate: *Gender Studies*. Stuttgart 2002.

Küppers, Carolin: *Soziologische Dimensionen von Geschlecht*. APuZ 20-21/2012.

Kullmann, Katja: *Generation Ally*. Frankfurt/Main 2002.

Laqueur, Thomas: *Auf den Leib geschrieben*. Frankfurt/Main 1992.

de Lauretis, Teresa: *Technologies of gender*. Bloomington 1989.

Lee, Janice W. (Hg.): *Gender Roles*. New York 2005.

Lenz, Ilse/Ullrich, Charlotte/Fersch, Barbara (Hg.): *Gender Orders Unbound?* Opladen 2007.

Lorber, Judith: *Gender-Paradoxien*. Opladen 1999.

dies.: *The Variety of Feminisms and their Contributions to Gender Equality*. Oldenburg 1997.

Luhmann, Niklas: *Liebe als Passion. Zur Codierung von Intimität*. Frankfurt/Main 1982.

McRobbie, Angela: *Top Girls. Feminismus und der Aufstieg des neoliberalen Geschlechterregimes*. Wiesbaden 2010.

Meesmann, Hartmut/Sill, Bernhard (Hg.): *Androgyn.* »*Jeder Mensch in sich ein Paar?*« *Androgynie als Ideal geschlechtlicher Identität.* Weinheim 1994.

Mika, Bascha: *Die Feigheit der Frauen.* München 2012.

Millett, Kate: *Prostitution.* San Francisco 1972.

dies.: *Sexual Politics.* New York 1971.

Mittag, Jana/Sauer, Arn: *Geschlechtsidentität und Menschenrechte.* APuZ 20-21/2012.

Niemann, Christoph: *Geschlechterrollen in der Werbung. Rollenverteilung, Klischees, Vorurteile.* Saarbrücken 2006.

Nünning, Vera/Nünning, Ansgar (Hg.): *Erzähltextanalyse und Gender Studies.* Stuttgart 2004.

Onken, Julia: *Feuerzeichenfrau.* München 2006.

Orlowsky, Ursula: *Zur Konjunktur weiblicher Rollen- und Altersklischees.* Pfaffenweiler 1997.

Pasero, Ursula/Braun, Friederike: *Wahrnehmung und Herstellung von Geschlecht.* Wiesbaden 1999.

Pinker, Susan: *Das Geschlechterparadox.* Bonn 2008.

Richter-Appelt, Hertha: *Geschlechtsidentität und -dysphorie.* APuZ 20-21/2012.

Russell, Diana: *Making Violence Sexy. Feminist Views on Pornography.* Buckingham 1993.

Schmackpfeffer, Petra: *Frauenbewegung und Prostitution.* Oldenburg 1989.

Schößler, Franziska: *Einführung in die Gender Studien.* Berlin 2008.

Schröder, Kristina/Waldeck, Caroline: *Danke, emanzipiert sind wir selber!* München 2012.

Schwarzer, Alice (Hg.): *Man wird nicht als Frau geboren.* Köln 2000.

Senelick, Laurence: *Gender in Performance.* Hanover 1992.

Stephan, Inge: *Kritische Revisionen. Gender und Mythos im literarischen Diskurs*. München 1998.

Villa, Paula-Irene: *Sexy Bodies. Eine soziologische Reise durch den Geschlechtskörper*. Opladen 2000.

Vinken, Barbara/Menke, Bettine (Hg.): *Dekonstruktiver Feminismus*. Frankfurt/Main 1992.

Vinken, Barbara: *Die Deutsche Mutter*. Frankfurt/Main 2007.

Wachter, Nicole: *Interferenzen. Zur Relevanz dekonstruktiver Reflexionsansätze für die Gender-Forschung*. Wien 2001.

Walter, Natasha: *Living Dolls – The Return of Sexism*. London 2010.

Waters, Melanie: *Women on Screen. Feminism and Femininity in Visual Culture*. Houndmills 2011.

Weigel, Sigrid/Stephan, Inge: *Die verborgene Frau*. Berlin 1983.

Wilde, Oscar: *Die Erzählungen und Prosagedichte*. Leipzig 2012.

Wittig, Monique: *Les Guérillères*. Paris 1969.

Wolf, Naomi: *The Beauty Myth*. London 1990.

Bildnachweis

S. 10: http://commons.wikimedia.org/wiki/File:Thomas_Eakins_005.jpg; S. 24: http://commons.wikimedia.org/wiki/File:Johann_Heinrich_F%C3%BCssli_049.jpg; S. 52: aus: C.E. Jensen: Karikatur Album II. Kopenhagen 1912, S. 332; http://upload.wikimedia.org/wikipedia/commons/3/3c/La_grande_Epidemie_de_PORNOGRAPHIE.jpg; S. 90: http://en.wikipedia.org/wiki/File:Mariya_Magdalena.jpg; S. 124: http://polpix.sueddeutsche.com/polopoly_fs/1.174170.1358109746!/httpImage/image.jpg_gen/derivatives/900x600/image.jpg; S. 164: http://commons.wikimedia.org/wiki/File:Paula_Modersohn-Becker_017.jpg?uselang=de